Joseph Kardinal Ratzinger

Gott ist uns nah

Joseph Kardinal Ratzinger

Gott ist uns nah

Eucharistie: Mitte des Lebens

Herausgegeben von
Stephan Otto Horn und Vinzenz Pfnür

SANKT
ULRICH
VERLAG
GmbH

Die Deutsche Bibliothek – CIP-Einheitsaufnahme

Ratzinger, Joseph:
Gott ist uns nah : Eucharistie: Mitte des Lebens.
Stephan O. Horn / Vinzenz Pfnür (Hrsg.).
- Augsburg : Sankt-Ulrich-Verl., 2001
ISBN 3-929246-69-4

Umschlaggestaltung: UV Werbung,
Mediengruppe Sankt Ulrich Verlag, Augsburg
Titelbild: Thomas Pinzka
Druck und Herstellung: Ludwig Auer GmbH, Donauwörth
Printed in Germany
ISBN 3-929246-69-4

Inhalt

Einführung

Die Eucharistie hat in der Theologie von Joseph Ratzinger von Anfang an einen zentralen Ort. Insbesondere ist sein Verständnis von Kirche von daher bestimmt. „Kirche entsteht und besteht dadurch, daß der Herr sich Menschen kommuniziert, in Kommunion mit Ihnen tritt und sie so zur Kommunion miteinander bringt. Kirche ist das Kommunizieren des Herrn mit uns, das zugleich das wahre Kommunizieren der Menschen miteinander erschafft.“[1] Bereits für seine Dissertation „Volk und Haus Gottes in Augustins Lehre von der Kirche“ hat J. Ratzinger das Motto gewählt: „Unus panis unum corpus sumus multi – weil ein Brot, sind wir, die Vielen, ein Leib“.

Im Blick auf das Verständnis von Eucharistie und Kirche gibt es eine durchgehende bruchlose Linie von der vorkonziliaren Zeit bis zur Gegenwart, wie die Veröffentlichungen und Vorlesungen von J. Ratzinger ausweisen. In den Konzilstexten selbst findet diese eucharistische Ekklesiologie Eingang.

Die Hochschätzung der überlieferten eucharistischen Frömmigkeit in Prozessionen, Andachten, stiller Anbetung vor dem Allerheiligsten – wie sie auch in dem vorliegenden Band Ausdruck findet – ist bei J. Ratzinger kein unreflektiertes Relikt aus vorkonziliarer Zeit. Vielmehr hat sich ihm die Bedeutung dieser Frömmigkeitsformen als Ausdruck persönlicher Kommunikation mit Christus im Laufe der Jahre mehr und mehr erschlossen.

Voraussetzung von Communio ist ein Gottesverständnis, nach dem das Absolute nicht ein unpersönliches Weltgesetz, sondern Wort, Sinn und Liebe, lebendige Gemein-

1 J. Ratzinger, Gemeinde aus der Eucharistie, in: J. Kardinal Ratzinger, Vom Wiederauffinden der Mitte. Grundorientierungen. Texte aus vier Jahrzehnten, hg. vom Schülerkreis, Freiburg 1997, S. 35.

schaft ist.[2] So sind auch die Ausführungen über die Eucharistie eingerahmt von zwei Beiträgen, die den größeren Horizont erleuchten: Der dreifaltige Gott geht auf uns zu, wird zum Gott mit uns und unter uns, und dies beinhaltet zugleich, daß wir am Ende nicht ins Leere laufen, sondern in der Nähe Gottes unvergängliches Glück finden.

Die hier vorgelegten Beiträge zur Thematik Eucharistie sind zum überwiegenden Teil Tonbandnachschriften von Predigten, die in konkreten Situationen und zu bestimmten Anlässen gehalten wurden. Dieser Charakter des gesprochenen Wortes wurde bewußt beibehalten. Trotzdem sehen wir in den ausgewählten Texten wichtige Impulse für ein tieferes Erfassen des Geheimnisses der Nähe Gottes in der Eucharistie.

Unser Dank gilt zunächst dem Autor, daß er in unermüdlichem, oft an die Grenzen des menschlich Möglichen gehendem Einsatz sich in den Dienst der Erschließung und Vermittlung der Botschaft des christlichen Glaubens gestellt hat.

Weiter danken wir dem Presseamt des Erzbischöflichen Ordinariats München für die freundliche Aufnahme zur Sichtung der Predigten von Cardinal Joseph Ratzinger aus dessen Münchner Zeit, sowie Herrn Helmuth Brandner für bereitwillige Hilfe und Unterstützung.

Dem Erich Wewel Verlag sei gedankt für die Abdruckerlaubnis der vier unter dem Titel „Eucharistie – Mitte der Kirche“ 1978 veröffentlichten Predigten.

Nicht zuletzt danken wir dem Sankt Ulrich Verlag, auf dessen Initiative das vorliegende Bändchen zurückgeht. Insbesondere gilt unser Dank dem Lektor, Herrn Michael Widmann, der eine umfangreiche Sammlung von Predigttexten von Cardinal Ratzinger vorlegte und die Drucklegung betreute, sowie Frau Anja Beck, die mit großem Engagement für Erstellung des Satzes und des Layouts sorgte.

Die Herausgeber

2 Vgl. J. Ratzinger, Vom Wiederauffinden der Mitte, a. a. O., S. 17–24.

Gott mit uns und unter uns

*„Er hat Fleisch angenommen durch den Heiligen Geist aus der Jungfrau Maria und ist Mensch geworden"**

Das Nizänische Bekenntnis ist wie alle großen Glaubensaussagen der alten Kirche von seiner Grundanlage her ein Bekenntnis zum dreifaltigen Gott. Es ist in seinem wesentlichen Inhalt das Ja-Sagen zum lebendigen Gott als unserem Herrn, von dem unser Leben kommt und zu dem es zurückkehrt. Es ist ein Gottesbekenntnis. Was aber bedeutet es, wenn wir diesen Gott einen lebendigen Gott nennen? Damit will gesagt sein, daß dieser Gott nicht eine Schlußfolgerung unseres Denkens ist, die wir nun mit der Gewißheit unseres Erkennens und Verstehens vor die anderen hinstellen; wenn es nur darum ginge, so bliebe dieser Gott ein Menschengedanke, und jeder Versuch der Zuwendung zu ihm könnte wohl ein Tasten voller Hoffnung und Erwartung sein, aber er würde doch ins Unbestimmte führen. Daß wir vom lebendigen Gott sprechen, bedeutet: Dieser Gott zeigt sich uns, er blickt aus der Ewigkeit in die Zeit und stellt eine Beziehung zu uns her. Wir können ihn nicht beliebig definieren. Er selbst hat sich „definiert" und so steht er nun als unser Herr vor uns, über uns und mitten unter uns. Dieses Sich-Zeigen Gottes, kraft dessen er nicht unser Gedanke, sondern unser Herr ist, bildet daher mit Recht

* Unter dem Titel „Et incarnatus est de Spiritu Sancto ex Maria Virgine" veröffentlicht in: 30 Tage in Kirche und Welt 5 (1995) Nr. 4, S. 59–67; Klerusblatt 75 (1995) Heft 7, S. 107–110.

den Mittelpunkt des Glaubensbekenntnisses: Das Bekenntnis zur Gottesgeschichte inmitten der Menschengeschichte fällt nicht aus der Einfachheit des Gottesbekenntnisses heraus, sondern ist seine innere Bedingung. Deswegen ist die Mitte aller unserer Bekenntnisse das Ja zu Jesus Christus: „Er hat Fleisch angenommen durch den Heiligen Geist aus der Jungfrau Maria und ist Mensch geworden." Bei diesem Satz beugen wir die Knie, weil an dieser Stelle der Himmel, der Schleier der Verborgenheit Gottes aufgerissen wird und das Geheimnis uns unmittelbar anrührt. **Der ferne Gott wird unser Gott, wird „Emmanuel" - „Gott mit uns"** (Mt 1,23). Die großen Meister der Kirchenmusik haben diesem Satz über alles in Worten Ausdrückbare hinaus auf immer neue Weise den Klang gegeben, durch den das Unsagbare unser Hören und unser Herz berührt. Solche Kompositionen sind eine „Exegese" des Geheimnisses, die tiefer reicht als all unsere rationalen Interpretationen. Aber weil es das Wort war, das Fleisch geworden ist, müssen wir doch auch immer wieder versuchen, dieses schöpferische Urwort, das „bei Gott war" und „Gott ist" (Joh 1,1), in unsere Menschenworte hinein zu übersetzen, um in den Worten *das* Wort zu hören.

1. Grammatik und Inhalt im Satz des Glaubensbekenntnisses

Wenn wir den Satz zunächst einmal nach seiner grammatischen Struktur abhören, so zeigt sich, daß er vier Subjekte einschließt. Ausdrücklich genannt werden der Heilige Geist und die Jungfrau Maria. Aber da ist dann auch das „Er" von „Er ist Fleisch geworden". Dieses Er wird vorher mit verschiedenen Namen benannt: Christus, „der einzig geborene Sohn Gottes, … wahrer Gott vom wahren Gott …, eines Wesens mit dem Vater". So ist in diesem Er – untrennbar von ihm – ein weiteres Ich eingeschlossen: der Vater, mit dem er eines Wesens ist, so daß er Gott von Gott heißen kann. Das bedeutet: Das erste und eigentliche Subjekt dieses Satzes ist – wie wir es nach dem vorhin Bedachten gar nicht anders erwarten konnten – Gott, aber Gott in der Dreiheit der Subjekte, die doch nur einer sind: der Vater, der Sohn und der Heilige Geist. Die Dramatik des Satzes liegt nun aber darin, daß er nicht eine Ewigkeitsaussage über das Sein Gottes macht, sondern eine Handlungsaussage, die sich bei näherem Zusehen sogar als eine Leidensaussage – als ein Passivum – erweist. Zu dieser Handlungsaussage, an der die drei göttlichen Personen je auf ihre Weise beteiligt sind, gehört das „ex Maria virgine", ja daran hängt die Dramatik des Ganzen. Denn ohne Maria würde das Hereintreten Gottes in die Geschichte nicht zum Ziel kommen, also genau das nicht erreicht, worauf es in dem Bekenntnis ankommt – daß Gott ein Gott mit uns und nicht nur ein Gott in sich und für sich selber ist. So steht die Frau, die sich selbst als niedrige, das heißt als namenlose Frau bezeichnete (Lk 1,48),[1] im Kernpunkt des Bekenntnisses zum lebendigen Gott und ist aus ihm gar nicht wegzudenken. Sie gehört in unseren Glauben an den lebendigen, handelnden Gott unverzichtbar hinein. Das Wort wird Fleisch – der ewige Sinngrund der Welt tritt in sie herein. Er sieht sie nicht nur von außen an, sondern er wird selbst ein Handelnder in ihr. Damit dies geschehen konnte, bedurfte es der Jungfrau, die ihre ganze Person, das heißt ihren Leib, sich selbst zur Verfügung stellte, auf daß er Ort von Gottes Wohnen in

1 Vgl. dazu F. Mußner, Maria, die Mutter Jesu im Neuen Testament (St. Ottilien 1993) 45 f.: „... ταπεινός" bedeutet nichtig, gering, armselig, unbedeutend ... ‚von jetzt an' wird sich das völlig ändern: Maria wird nicht mehr das unbeachtete ‚anonyme' Mädchen bleiben; ihr Name wird vielmehr allen kommenden Geschlechtern ... bedeutend werden ..."

der Welt werde. Die Fleischwerdung bedurfte der Annahme. Nur so geschieht wirklich Einswerden von Logos und Fleisch. „Der dich ohne dich geschaffen hat, wollte dich nicht erlösen ohne dich", hat Augustinus dazu gesagt.[2] Die „Welt", in die der Sohn kommt, das „Fleisch", das er annimmt, ist nicht irgendwo und irgendetwas – diese Welt, dieses Fleisch ist ein Mensch, ist ein geöffnetes Herz. Der Hebräerbrief hat von den Psalmen her den Vorgang der Menschwerdung als einen innergöttlichen Real-Dialog interpretiert: „Einen Leib hast du mir bereitet", sagt der Sohn zum Vater (Hebr 10,5). Aber dieses Bereiten des Leibes geschieht dadurch, daß auch Maria sagt: Opfer und Gaben hast du nicht gewollt, einen Leib hast du mir bereitet ... Siehe, ich komme, deinen Willen zu tun (Hebr 10,5–7; Ps 40, 6–8). Der Leib wird dem Sohn dadurch bereitet, daß Maria sich ganz dem Willen des Vaters übereignet und so ihren Leib als Zelt des Heiligen Geistes verfügbar macht.

2. Der biblische Hintergrund des Satzes

Um den zentralen Satz des Bekenntnisses in seiner ganzen Tiefe zu verstehen, müssen wir hinter das Credo zurückgehen auf seine Quelle: die Heilige Schrift. Das Glaubensbekenntnis erweist sich an dieser Stelle bei näherem Zusehen als eine Synthese der drei großen biblischen Zeugnisse von der Menschwerdung des Sohnes: Mt 1,18–25; Lk 1,26–38; Joh 1,13 f. Versuchen wir, ohne in eine detaillierte Auslegung dieser Texte einzutreten, etwas von ihrem je eigenen und besonderen Beitrag zum Verstehen der Menschwerdung Gottes in den Blick zu bekommen.

---

2 Augustinus, Sermo 169, c. 11, Nr. 13 (PL 38,923); vgl. Bonaventura, Breviloquium, p.V. c.3.

2.1 Matthäus 1,18–25

Matthäus schreibt sein Evangelium in den jüdischen und judenchristlichen Raum hinein. So ist sein Anliegen, die Kontinuität von Altem und Neuem Bund herauszustellen. Das Alte Testament geht auf Jesus zu, in ihm erfüllen sich die Verheißungen. Der innere Zusammenhang von Erwartung und Erfüllung wird zugleich zum Beweis, daß hier wirklich Gott handelt und daß Jesus der von Gott gesandte Retter der Welt ist. Dieser Blickwinkel bedingt es zunächst, daß Matthäus die Kindheitsgeschichte von der Gestalt des heiligen Josef her entwickelt, um zu zeigen, daß Jesus Sohn Davids ist, der verheißene Erbe, der der davidischen Dynastie Beständigkeit gibt und sie in das Königtum Gottes über die Welt umwandelt. Der Stammbaum führt als Davidsstammbaum auf Josef zu. Der Engel redet im Traum Josef als Davidssohn an (Mt 1,20). Deshalb wird Josef zum Namensgeber Jesu: „Die Annahme an Sohnes Statt vollzieht sich in der Namensgebung …“[3]

Gerade weil Matthäus den Zusammenhang von Verheißung und Erfüllung zeigen will, tritt neben die Gestalt Josefs die Jungfrau Maria. Noch stand unerschlossen und unbegreiflich die Verheißung im Raum, die Gott durch den Propheten Jesaja dem zweifelnden König Achas gegeben hatte, der selbst in der Bedrängnis der heranziehenden feindlichen Heere kein Zeichen von Gott erbitten will. Der Herr wird euch „von sich aus ein Zeichen geben. Seht, die Jungfrau wird empfangen, und sie wird einen Sohn gebären, und sie wird ihm den Namen Emmanuel (Gott mit uns) geben“ (Jes 7,14). Niemand kann sagen, was dieses Zeichen in der historischen

3 J. Gnilka, Das Matthäusevangelium I (Freiburg 1986) 19.

Stunde des Königs Achas bedeuten mochte – ob es gegeben wurde, worin es bestand. Die Verheißung reicht weit über die Stunde hinaus. Sie stand weiter über der Geschichte Israels als Stern der Hoffnung, der in die Zukunft – ins noch Unbekannte – wies. Für Matthäus ist mit der Geburt Jesu aus der Jungfrau Maria der Schleier gelüftet: Nun ist dieses Zeichen gegeben. Die Jungfrau, die als Jungfrau aus der Kraft des Heiligen Geistes gebiert – sie ist das Zeichen. Mit dieser zweiten Verheißungslinie verbindet sich nun auch ein neuer Name, der dem Jesusnamen erst seine volle Bedeutung und seine Tiefe gibt. Wenn das Kind von der Jesaja-Verheißung her Emmanuel heißt, so wird damit zugleich der Rahmen der davidischen Verheißung ausgeweitet. Das Königtum dieses Kindes reicht weiter, als die davidische Verheißung erwarten lassen konnte: Sein Königtum ist das Königtum Gottes selbst; es nimmt an der Universalität von Gottes Herrschaft teil, denn in ihm ist Gott selbst in die Geschichte der Welt eingetreten. Die Ankündigung, die sich so in der Geschichte von Jesu Empfängnis und Geburt zeigt, wird freilich erst in den letzten Versen des Evangeliums wieder aufgenommen. Während seines irdischen Lebens weiß sich Jesus streng an das Haus Israel gebunden, noch nicht zu den Weltvölkern gesandt. Aber nach dem Tod am Kreuz, als Auferstandener, sagt er: „Macht alle Völker zu meinen Jüngern ... Siehe, ich bin mit euch alle Tage bis zum Ende der Welt“ (Mt 28,19 f.). Hier zeigt er sich nun als der Gott-mit-uns, dessen neues Königtum alle Völker umspannt, weil Gott nur einer für alle ist. Dementsprechend ändert Matthäus in der Geschichte von der Empfängnis Jesu das Jesaja-Wort an einer Stelle. Er sagt nicht mehr: Sie (die Jungfrau) wird ihm den Namen Emmanuel geben, sondern: Sie werden ihn Emmanuel, Gott mit uns, nennen. In diesem „sie“ deutet sich die künftige Gemeinschaft der Glaubenden, die Kirche an, die Jesus mit diesem Namen anrufen wird.[4] Alles ist in der Erzählung des heiligen Matthäus auf Christus hin ausgerichtet, weil alles auf Gott hin ausgerichtet ist. So hat es das Glaubensbekenntnis mit Recht verstanden und der Kirche weitergegeben. Weil aber Gott nun mit uns ist, sind auch die menschlichen Verheißungsträger von wesentlicher Bedeutung: Josef und Maria. Josef steht für die Verheißungstreue Gottes Israel gegenüber, Maria aber verkörpert die Hoffnung der Menschheit. Josef ist Vater dem Recht nach, aber Maria ist Mutter mit ihrem eigenen Leib: An ihr hängt es, daß Gott nun wirklich einer von uns geworden ist.

2.2 Lukas 1,26–38

Werfen wir nun einen Blick auf die lukanische Darstellung von Empfängnis und Geburt Jesu – nicht, um diesen überreichen Text als solchen hier auszulegen, sondern nur um seinen besonderen Beitrag zum Glaubensbekenntnis zu begreifen. Ich beschränke mich auf die Perikope von der Verkündigung der Geburt Jesu durch den Erzengel Gabriel (Lk 1,26–38). Lukas läßt in den Worten des Engels das trinitarische Geheimnis durchscheinen und gibt so dem Geschehen jene theologische Mitte, auf die alle Heilsgeschichte auch im Bekenntnis bezogen ist. Das Kind, das geboren wird, wird Sohn des Höchsten, Sohn Gottes heißen; der Heilige Geist wird als Kraft des Höchsten geheimnisvoll seine Empfängnis bewirken: So ist vom Sohn, indirekt vom Vater und vom Heiligen Geist die Rede. Lukas gebraucht für das Kommen des Heiligen Geistes auf Maria hier das Wort „überschatten“ (Vers 35). Er spielt damit auf die alttestamentlichen Berichte von der heiligen Wolke an, die über dem Zelt der Begegnung stehend die Einwohnung Gottes an-

4 Gnilka, a.a.O. 21.

deutete. Damit ist Maria als das neue heilige Zelt, die lebendige Arche des Bundes gekennzeichnet. Ihr Ja wird zum Ort der Begegnung, in dem Gott Wohnung erhält in der Welt. Gott, der nicht in Steinen wohnt, wohnt in diesem mit Leib und Seele gegebenen Ja; der, den die Welt nicht umspannen kann, kann ganz in einem Menschen Wohnung nehmen. Dieses Motiv des neuen Tempels, der wahren Bundeslade, läßt Lukas mehrfach durchklingen, so besonders in dem Engelsgruß an Maria: Freue dich, du Gnadenvolle. Der Herr ist mit dir (1,28). Es ist heute kaum noch bestritten, daß dieses von Lukas übermittelte Engelswort den Verheißungsspruch von Zefanja 3,14 aufnimmt, der der Tochter Zion gilt und ihr das Wohnen Gottes in ihrer Mitte ankündigt. So erscheint durch diesen Gruß Maria als die Tochter Zion in Person und zugleich als Ort der Einwohnung, als das heilige Zelt, über dem die Wolke von Gottes Gegenwart steht.[5] Die Väter haben diesen Gedanken aufgegriffen, der dann auch die altchristliche Ikonographie bestimmt. Der heilige Josef wird durch den blühenden Stab als Hoherpriester ausgewiesen, als Urtyp des christlichen Bischofs. Maria aber ist lebendige Kirche. Auf sie kommt der Heilige Geist, und so wird sie zum neuen Tempel. Josef, der Gerechte, ist bestellt als Sachwalter der Mysterien Gottes, – Hausvater und Hüter des Heiligtums, welches die Braut und der Logos in ihr ist. So wird er zum Bild des Bischofs, dem die Braut angetraut ist; sie steht nicht zu seiner Verfügung, sondern in seiner Obhut.[6] Alles ist

5 Vgl. S. M. Iglesias, Los evangelios de la infancia II (Madrid 1986) 149–160; J. Ratzinger, „Du bist voll der Gnade“, in: J. Ratzinger/P. Henrici, Credo (Köln 1992) 103–116, bes. 105–109.

6 Ich stütze mich hier auf eine unveröffentlichte Arbeit von A. Thiermeyer, Josef als Idealbild des frühchristlichen Bischofs und Priesters (Rom 1989), die eine von den zeitgenössischen Vätertexten her entwickelte Auslegung der Ikonographie des Triumphbogens von S. Maria Maggiore bietet.

hier auf den trinitarischen Gott hin ausgerichtet, aber gerade darum wird sein Mitsein in der Geschichte im Geheimnis von Maria und Kirche besonders augenfällig und greifbar.

Noch ein Punkt der lukanischen Verkündigungsgeschichte erscheint mir für unsere Frage wichtig. Gott erbittet das Ja des Menschen. Er verfügt nicht einfach aus seiner Macht heraus. Er hat sich im Geschöpf Mensch ein freies Gegenüber geschaffen, und er braucht nun die Freiheit dieses Geschöpfes, damit sein Königtum Wirklichkeit werden könne, das nicht auf äußere Macht, sondern auf Freiheit gegründet ist. Bernhard von Clairvaux hat in einem seiner Sermones dieses Warten Gottes und das Warten der Menschheit dramatisch dargestellt: „Der Engel erwartet deine Antwort, denn es ist Zeit zu dem zurückzukehren, der ihn gesandt hat ... O Herrin, antworte das Wort, das die Erde, das die Hölle, ja, das die Himmel erwarten. Wie der König und Herr nach deiner Schönheit verlangte, so sehr ersehnt er deine zustimmende Antwort ... Was zauderst du? Was bist du voll Furcht? ... Siehe, der von allen Völkern Ersehnte klopft draußen an der Tür. Ach, wenn er vorbeiginge, weil du zauderst ... Steh auf, eile, öffne! Steh auf durch den Glauben, eile durch deine Hingabe, öffne durch deine Zustimmung!"[7] Ohne diese freie Zustimmung Marias kann Gott nicht Mensch werden. Gewiß, dieses Ja Marias ist ganz Gnade. Das Dogma von der Erbsündenfreiheit Marias hat ei-

---

7 Bernhard von Clairvaux, In laudibus Virginis Matris. Hom. IV 8 Opera omnia, Edit. Cisterc. 4 (1966) 53 f.; in der von G. Winkler herausgegebenen lateinisch-deutschen Ausgabe der Werke des heiligen Bernhard Bd. IV (Innsbruck 1993) 112: „Quid tardas? Quid trepidas? ... In hac sola re ne timeas, prudens Virgo, praesumptionem ... Aperi, Virgo beata, cor fidei, labia confessioni, viscera Creatori. Ecce desideratus cunctis gentibus foris pulsat ad ostium. O si, te morante, pertransierit ... Surge, curre, aperi! ..."

gentlich nur diesen einzigen Sinn, zu zeigen, daß gar nicht ein Mensch aus eigener Macht die Erlösung in Gang bringt, sondern daß sein Ja ganz eingeborgen ist im Zuerst und Voraus der göttlichen Liebe, die ihn schon umfängt, noch ehe er geboren ist. „Alles ist Gnade". Aber Gnade hebt Freiheit nicht auf, sondern schafft sie. Das ganze Geheimnis der Erlösung ist in dieser Geschichte anwesend und sammelt sich in der Gestalt der Jungfrau Maria: „Siehe, ich bin die Magd des Herrn; mir geschehe nach deinem Wort" (Lk 1,38).

2.3 Der Johannesprolog

Wenden wir uns nun dem Prolog des Johannes-Evangeliums zu, an dessen Wortlaut sich das Glaubensbekenntnis anlehnt. Auch hier möchte ich nur drei Gedanken andeutend herausgreifen. „Das Wort ist Fleisch geworden und hat sein Zelt aufgeschlagen unter uns" (1,14). Der Logos wird Fleisch: Wir haben uns so sehr an dieses Wort gewöhnt, daß uns die ungeheure göttliche Synthese des scheinbar unüberbrückbar Getrennten gar nicht mehr auffällt, in die die Väter sich Schritt um Schritt hineingedacht haben. Hier lag and liegt das eigentlich christlich Neue, das für den griechischen Geist als unsinnig und undenkbar erschien. Was hier gesagt wird, kommt nicht aus einer bestimmten Kultur, der semitischen etwa oder der griechischen, wie heute gedankenloserweise immer wieder behauptet wird. Es steht gegen alle Kulturgestalten, die wir kennen. Es war für die Juden genauso abwegig wie aus ganz anderen Gründen für die Griechen oder für die Inder oder aber auch für den modernen Geist, dem diese Synthese von phänomenaler und noumenaler Welt als ganz irreal erscheint und der sie wieder mit dem ganzen Selbstbewußtsein moderner Rationalität bestreitet. Was hier gesagt ist, ist „neu", weil es von Gott kommt und nur von

Gott selbst gewirkt werden konnte. Es ist für alle Geschichte und für alle Kulturen das durchaus Neue und Fremde, in das wir im Glauben und nur im Glauben hineintreten können und das uns ganz neue Horizonte des Denkens und des Lebens öffnet.

Johannes hat hier aber noch einen ganz besonderen Akzent im Sinn. Der Satz vom Logos, der Sarx (Fleisch) wird, weist vor auf das sechste Kapitel des Evangeliums, das in seiner Ganzheit diesen Halbvers entfaltet.[8] Dort sagt Christus zu den Juden und zur Welt: Das Brot, das ich gebe (das heißt, der Logos, der die wahre Nahrung des Menschen ist), ist mein Fleisch für das Leben der Welt (6,51). In dem Wort vom Fleisch ist schon die Hingabe zum Opfer, das Geheimnis des Kreuzes und das Geheimnis des daraus kommenden österlichen Sakraments mit ausgesagt. Das Wort wird nicht einfach irgendwie Fleisch, um einen neuen Status zu haben. In der Fleischwerdung ist die Dynamik des Opfers eingeschlossen. Es ist wieder das Psalmwort verborgen: „Einen Leib hast du mir bereitet ...“ (Hebr 10,5; Ps 40). So ist in diesem kleinen Satz das ganze Evangelium enthalten; man fühlt sich erinnert an das Väterwort: Der Logos hat sich zusammengezogen, ist klein geworden. Dies gilt in doppelter Weise: Der unendliche Logos ist klein geworden, ein Kind. Aber auch: das unermeßliche Wort, die ganze Fülle der Heiligen Schrift hat sich zusammengezogen in diesen einen Satz, in dem Gesetz und Propheten versammelt sind.[9] Sein und Geschichte, Kult und Ethos

8 Vgl. R. Schnackenburg, Das Johannesevangelium I (Freiburg 1965) 243.

9 Vgl. H. U. von Balthasar, Das Wort verdichtet sich, in: Int. kath. Zeitschrift „Communio“ 6 (1977) 397–400. Den Texten aus Origenes, Gregor von Nazianz, Maximus Confessor, auf die Balthasar hinweist, wäre als typisch westliche Formung derselben Motive anzufügen Augustinus, Tract. in Joa 17,7 f. CCL 36,174 f.

sind da in der christologischen Mitte vereint und unverkürzt gegenwärtig.

Der zweite Hinweis, um den es mir geht, kann kurz sein. Johannes spricht vom Wohnen Gottes als Folge und Ziel der Menschwerdung. Er gebraucht dafür das Wort vom Zelten und weist so wiederum zurück auf das alttestamentliche Zelt der Begegnung, auf die Theologie des Tempels, die sich im fleischgewordenen Logos erfüllt. Im griechischen Wort für Zelt – Skene – klingt aber auch das hebräische Wort Schekhina durch, das heißt die frühjüdische Bezeichnung der heiligen Wolke, die dann geradezu zum Gottesnamen wurde und „die gnädige Gegenwart Gottes bei den zum Gebet und zum Gesetzesstudium versammelten Juden" ansagte.[10] Jesus ist die wahre Schekhina, durch die Gott unter uns ist, wenn wir in seinem Namen versammelt sind.

Schließlich müssen wir noch einen Blick auf den Vers 13 werfen. Denen, die ihn aufnahmen, hat er – der Logos – die Macht gegeben, Kinder Gottes zu werden: „allen, die an seinen Namen glauben, die nicht aus dem Blut, nicht aus dem Willen des Fleisches, nicht aus dem Willen des Mannes, sondern aus Gott geboren sind." Für diesen Vers gibt es zwei unterschiedliche Überlieferungen bei den Textzeugen, und es kann heute nicht mehr entschieden werden, welches die ursprüngliche ist. Beide erscheinen praktisch gleich früh und mit gleichem Gewicht. Es gibt nämlich die Version in der Einzahl: „der nicht aus dem Blut, nicht aus Fleisches Willen, nicht aus dem Willen des Mannes, sondern aus Gott geboren ist." Daneben steht die uns geläufige Fassung mit der Mehrzahl: „die … aus Gott geboren sind."[11] Diese Zweigestalt

10 Schnackenburg, Johannesevangelium I 245.

11 Schnackenburg formuliert 1965 (Johannesevangelium I 241) noch: „Mögen also beide LAA (= Lesarten) alt sein, so wird man die pluralische doch für die ursprüngliche halten müssen". Die gleiche Posi-

der Überlieferung ist verständlich, weil der Vers in jedem Fall auf beide Subjekte verweist. Insofern müssen wir eigentlich die beiden Überlieferungen immer zusammen lesen, weil sie erst zusammen die ganze Meinung des Textes zum Vorschein bringen. Wenn wir von der gewohnten Pluralversion ausgehen, so ist von den Getauften die Rede, denen vom Logos her die neue Gottesgeburt zuteil geworden ist. Aber das Geheimnis der Jungfrauengeburt Jesu, der Ursprung dieser unserer Gottesgeburt blickt darin so deutlich durch, daß nur Voreingenommenheit diesen Zusammenhang leugnen kann. Aber auch wenn wir die singularische Fassung als die ursprüngliche ansehen, bleibt die Beziehung auf „alle, die ihn aufnahmen" offenkundig. Es wird klar, daß Jesu Empfängnis aus Gott, seine neue Geburt dazu da ist, uns aufzunehmen, uns neue Geburt zu geben. Wie der Vers 14 mit der Rede von der Fleischwerdung des Logos auf das eucharistische Kapitel des Evangeliums vorverweist, so ist hier der Vorgriff auf das Gespräch mit Nikodemus im dritten Kapitel unverkennbar. Dem Nikodemus sagt Christus, daß die Fleischesgeburt nicht ausreicht, um in das Königtum Gottes einzutreten. Neue Geburt von oben ist notwendig, Wiedergeburt aus Wasser und Geist (3,5). Christus, der durch die Kraft des Heiligen Geistes von der Jungfrau empfangen wurde, ist der Anfang einer neuen Menschheit, einer neuen Weise der Existenz. Christ werden bedeutet, in diesen neuen Anfang hineingenommen werden. Christ werden ist mehr als die Zuwendung zu neuen Ideen, zu einem neuen Ethos, zu einer neuen Gemeinschaft. Die Verwandlung, die hier geschieht, hat

---

tion behielt er gegen J. Galot in seinem ersten Nachtrag zum ersten Band, 3. Aufl. 1972 bei (Johannesevangelium IV 191); im zweiten Nachtrag (zur 4. Auflage 1978) läßt er angesichts von Veröffentlichungen von M. Vellanikkal, I. de la Potterie und P. Hofrichter die Frage offen.

die Radikalität einer wirklichen Geburt, einer neuen Schöpfung. So steht aber die Jungfrau-Mutter wieder im Zentrum des Erlösungsgeschehens. Sie bürgt mit ihrem ganzen Sein für das Neue, das Gott gewirkt hat. Nur wenn ihre Geschichte wahr ist und am Anfang steht, gilt, was Paulus sagt: „Wenn also jemand in Christus ist, dann ist er eine neue Schöpfung …“ (2 Kor 5,17).

3. Die Fußspuren Gottes

Gott ist nicht an Steine gebunden, aber er bindet sich an lebendige Menschen. Das Ja Marias öffnet ihm den Raum, wo er sein Zelt aufschlagen kann. Sie wird ihm selbst zum Zelt, und so ist sie der Anfang der heiligen Kirche, die ihrerseits vorausweist auf das neue Jerusalem, in dem es keinen Tempel mehr gibt, weil Gott selbst in ihr wohnt. Der Glaube an Christus, den wir im Credo der Getauften bekennen, ist damit zum einen Vergeistigung und Reinigung all dessen, was die Religionsgeschichte über Gottes Wohnen in der Welt sagte und hoffte. Aber er ist zugleich auch eine über alles Erwartbare hinausgehende Verleiblichung und Konkretisierung von Gottes Sein mit den Menschen. „Gott ist im Fleisch“ – gerade diese unlösbare Verbindung Gottes mit seinem Geschöpf macht die Mitte des christlichen Glaubens aus. Wenn es so steht, ist es begreiflich, daß die Christen von Anfang an auch jene Orte heilig hielten, an denen sich dieses Geschehen ereignet hatte. Sie wurden zur bleibenden Bürgschaft für das Eingehen Gottes in die Welt. Nazareth, Bethlehem und Jerusalem wurden so zu Orten, an denen man gleichsam die Fußspuren des Erlösers sehen kann, an denen uns das Geheimnis der Fleischwerdung Gottes ganz nah berührt. Was nun die Verkündigungsgeschichte angeht, so hat das Protoevangelium des Jakobus, das immerhin ins zweite Jahrhundert zurückreicht und trotz seiner vielen legendarischen Elemente auch wirkliche Erinnerung aufbewahrt haben mag, dieses Geschehen auf zwei Orte verteilt. Maria „nahm den Krug und ging hinaus, um Wasser zu schöpfen. Und siehe, eine Stimme sprach: ‚Sei gegrüßt, du Begnadete, der Herr sei mit dir, du Gesegnete unter den Frauen.‘ Sie schaute sich nach rechts und links um, woher diese Stimme komme. Und sie erbebte, ging in ihr Haus, stellte den Krug ab, nahm den Purpur, setzte sich auf ihren Stuhl und spann ihn aus. Und siehe, ein Engel des Herrn stand plötzlich vor ihr und sprach: ‚Fürchte dich nicht, Maria, denn du hast Gnade gefunden vor dem Allmächtigen und wirst aus seinem Wort empfangen‘“ (11,1 ff.).[12] Dieser Doppelüberlieferung entsprechen die beiden Heiligtümer, das orientalische Brunnenheiligtum und die katholische Basilika, die um die Grotte der Verkündigung gebaut ist. Beides hat tiefen Sinn. Origenes hat darauf aufmerksam gemacht, wie das Motiv des Brunnens die ganze Vätergeschichte des Alten Testaments bestimmt.[13] Wohin sie kamen, gruben sie Brunnen. Wasser ist das Element des Lebens. So wird der Brunnen immer mehr zum Sinnbild für das Leben überhaupt, bis hin zum Jakobsbrunnen, an dem Jesus sich selbst als den Brunnen des wahren Lebens offenbart, auf den der tiefste Durst der Menschheit wartet. Der Brunnen, das quellende Wasser wird Zeichen für das Geheimnis Christi, der uns die Wasser des Lebens reicht und aus dessen geöffneter Seite Blut und Wasser fließen. Der Brunnen wird zur Verkündigung Christi. Aber daneben steht das Haus, der

12 Deutscher Text bei E. Hennecke / W. Schneemelcher, Neutestamentliche Apokryphen, I, Evangelien (Tübingen 1959) 280–290, Zitat 284. Wichtig die Einleitung von O. Cullmann 277–279.

13 Siehe den großartigen Text in den Genesishomilien 13,1–4 GCS 29, Bachrens, Origenes VI 113–121; deutsche Übersetzung H. U. v. Balthasar, Origenes. Geist und Feuer (Einsiedeln 1991[3]) 39–44. Vgl. auch J. Corbon, Liturgie aus dem Urquell (Einsiedeln 1981) 17 f.

Ort des Betens und der Sammlung. „Wenn du beten willst, geh in dein Kämmerlein ...“ (Mt 6,6). Das höchst Persönliche, die Verkündigung der Menschwerdung und die Antwort der Jungfrau, verlangt die Diskretion des Hauses. Die Forschungen von P. Bagatti haben ans Licht gebracht, daß schon im zweiten Jahrhundert eine Hand in die Grotte von Nazareth den Engelsgruß an Maria in griechischer Sprache eingeritzt hat: Ave Maria.[14] Gianfranco Ravasi bemerkt dazu sehr schön: Dieses Zeugnis des Forschers bestätigt uns, „daß die christliche Botschaft nicht eine Sammlung abstrakter theologischer Thesen über Gott ist, sondern die Begegnung Gottes mit unserer Welt, mit der Realität unserer Häuser und unseres Lebens.“[15] Genau darum geht es hier, beim heiligen Haus von Loreto und im Jahr seines großen Jubiläums:[16] Wir lassen uns anrühren von der Konkretheit des göttlichen Handelns, um mit neuer Dankbarkeit und Gewißheit zu bekennen: Er hat Fleisch angenommen aus Maria, der Jungfrau und ist Mensch geworden ...

14 G. Ravasi, I Vangeli di Natale (Società S. Paolo 1992) 45 und 54.
15 Ebd. 54.
16 Der Text wurde verfaßt als Einführung in den mariologischen Kongreß aus Anlaß der 700-Jahr-Feier des Heiligtums (März 1995).

den. Er paßte eben in keinen der Maßstäbe hinein, die Menschen bereitstellen und mußte daher beiseite geschoben werden. Damit wiederum wird deutlich, daß wir den wirklichen Jesus nicht kennenlernen, indem wir ihn nach unseren Maßen zurechtschneidern. Der wirkliche Jesus ist allein der Jesus der Zeugen. Es gibt keine bessere Möglichkeit, von ihm zu wissen, als indem wir auf das Wort derer hören, die mit ihm gelebt haben, die mit ihm die Wege seines irdischen Lebens gegangen sind.

Wenn wir diese Zeugen fragen, dann sehen wir – und eigentlich versteht es sich auch von selbst – daß Jesus keineswegs ahnungslos überrascht auf das Kreuz zugegangen ist. Er konnte nicht blind sein für das Gewitter, das heraufzog; für die Macht des Widerspruchs, der Feindschaft und der Absage, die sich um ihn herum sammelten. Nicht weniger wichtig war für sein sehendes Zugehen auf das Kreuz, daß er aus der Mitte des Glaubens Israels lebte, daß er das Beten seines Volkes mitbetete: Die Psalmen, die von den Propheten inspirierte Frömmigkeit Israels, sind zutiefst bestimmt durch die Gestalt des leidenden Gerechten, der um Gottes willen in dieser Welt keinen Platz mehr findet, um seines Glaubens willen ins Leiden hineingerät. Jesus hat dieses Beten, das wir in den Psalmen wie bei den Prophetien vom Gottesknecht des zweiten Jesaja bis zu Hiob und zu den drei Jünglingen im Feuerofen immer neu aufsteigen und sich vertiefen sehen, in seine letzte Mitte hineingeführt, es ausgefüllt, seine Gestalt selbst dafür zur Verfügung gestellt und damit überhaupt den Schlüssel zu diesem Beten eröffnet.[3]

3 Wertvolles Material dazu bei H. J. Kraus, Psalmen I u. II (Neukirchen 1960); H. U. von Balthasar, Herrlichkeit III 2: Alter Bund (Einsiedeln 1967).

So weisen alle Wege seiner Verkündigung in das Geheimnis dessen hinein, der seine Liebe und seine Botschaft im Leiden bewährt. Die letzte Ausformung bieten dann die Worte, die er beim letzten Abendmahl gesprochen hat. Sie sind nichts gänzlich Unerwartetes, sondern vorgeformt, vorgeprägt in all diesen seinen Wegen und bringen dann doch neu ans Licht, was in ihnen gemeint ist: Die Einsetzung der Eucharistie ist Vorwegnahme des Todes, sie ist geistiger Vollzug des Todes. Denn Jesus teilt sich selbst aus, er teilt sich aus als den in Leib und Blut Zerteilten und Zerrissenen. So sind die *Abendmahlsworte* Jesu die Antwort auf Bultmanns Frage, wie Jesus seinen Tod bestanden hat; in ihnen geschieht der geistige Vollzug des Todes oder, sagen wir richtiger, **in ihnen verwandelt Jesus den Tod in den geistigen Akt des Ja, in den Akt der Liebe, die sich austeilt**; in den Akt der Anbetung, der sich für Gott und von Gott her den Menschen zur Verfügung gibt. Beides gehört ineinander: Die Abendmahlsworte wären ohne den Tod sozusagen eine Währung ohne Deckung; der Tod wiederum wäre ohne diese Worte eine bloße Hinrichtung ohne erkennbaren Sinn. Beides zusammen aber ist dieses neue Geschehen, in dem das Sinnlose des Todes zu Sinn wird; in dem das Unlogische zu Logik und zu Wort verwandelt wird; in dem die Zerstörung der Liebe, die der Tod von sich aus bedeutet, gerade zu ihrer Bewährung wird, zu ihrer bleibenden Beständigkeit. Wenn wir also wissen wollen, was eigentlich Jesus selbst mit seinem Tod gemeint hat, wie er ihn angenommen hat, was er bedeutet, dann müssen wir diese Worte bedenken und umgekehrt sie ständig von der Blutwährung seines Zeugnisses gedeckt sehen.

Werfen wir, bevor wir ihnen näher nachgehen, zunächst einen Blick auf die große Schau, die der heilige Johannes im 13. Kapitel seines Evangeliums – in dem Bericht von der *Fußwaschung* – entwickelt hat. Der

Evangelist faßt in dieser Szene gleichsam das Ganze von Jesu Wort, Leben und Leiden zusammen. Wie in einer Vision wird sichtbar, was dies Ganze ist.[4] In der Fußwaschung stellt sich dar, was Jesus tut und was er ist. Er, der der Herr ist, steigt herunter; er legt die Gewänder der Herrlichkeit ab und wird zum Sklaven, der an der Tür steht und den Sklavendienst der Fußwaschung für uns tut. Dies ist der Sinn seines ganzen Lebens und Leidens: daß er sich zu unseren schmutzigen Füßen, zum Schmutz der Menschheit herunterbeugt und daß er in seiner größeren Liebe uns reinwäscht. Der Sklavendienst des Fußwaschens hatte den Sinn, die Menschen tischfähig zu machen, gemeinschaftsfähig, so daß sie miteinander sich an den Tisch setzen können. Jesus Christus macht uns gleichsam vor Gott und füreinander tischfähig und gemeinschaftsfähig. Wir, die wir einander immer wieder nicht ausstehen können, wir, die wir nicht zu Gott hin passen, werden von ihm aufgenommen. Er trägt sozusagen das Gewand unserer Armseligkeit und indem er uns mitnimmt, sind wir gottfähig, haben wir Zugang zu Gott gewonnen. Wir werden gewaschen, indem wir uns in seine Liebe hineinbeugen lassen. Diese Liebe bedeutet, daß Gott ohne Vorbedingungen, auch wenn wir seiner nicht fähig und würdig sind, uns annimmt, weil er, Jesus Christus, uns verwandelt und unser Bruder wird. Freilich zeigt der Bericht bei Johannes, daß da, wo Gott keine Grenzen setzt, der Mensch Grenzen setzen kann. Es werden deren zwei sichtbar. Die erste zeigt sich in der Gestalt des Judas: Es gibt das Nein der Habsucht und der Gier, der Selbstherrlichkeit, die Gott nicht annehmen mag. Es gibt dieses Nein, das selbst die Welt schaffen will, und das nicht bereit ist, sich von Got-

4 Vgl. H. Schürmann, Der Geist macht lebendig (Freiburg 1972) 116–125, sowie die Johanneskommentare von R. Bultmann u. R. Schnackenburg.

tes Liebe beschenken zu lassen. „Lieber schuldig bleiben als mit einer Münze zahlen, die nicht unser Bild trägt – so will es unsere Souveränität", sagt Nietzsche einmal.[5] Das Kamel geht nicht durch das Nadelöhr, es stellt sozusagen seinen hochmütigen Höcker auf und ist nicht imstande, durch die Pforte der erbarmenden Güte zu gehen. Ich denke, wir alle sollten uns in dieser Stunde fragen, ob wir nicht auch wie solche sind, deren Hochmut, deren Selbstherrlichkeit nicht imstande ist, sich waschen zu lassen, sich beschenken zu lassen von der heilenden Liebe Jesu Christi. Neben dieser Abweisung, die aus der Habsucht und dem Hochmut des Menschen kommt, gibt es aber auch die Gefahr des Frommen, für die Petrus steht: die falsche Demut, die das Große nicht will, daß Gott sich zu uns herabbeugt; die falsche Demut, in der auch der Hochmut steckt, keine Vergebung zu mögen, sondern aus Eigenem rein sein zu wollen; der falsche Hochmut und die falsche Bescheidenheit, die Gottes Erbarmen nicht annehmen mag. Aber Gott will nicht die falsche Bescheidenheit, die seine Güte zurückweist, sondern er will die Demut, die sich waschen läßt und so rein wird. Dies ist die Weise, wie er sich uns gibt. Gehen wir nun über zu den Abendmahlsworten, die uns in den ersten drei Evangelien berichtet sind, und fragen wir, was wir da erfahren. Da sind zunächst diese beiden unergründlichen Worte, die nun für immer im Zentrum der Kirche, im Zentrum der eucharistischen Feier stehen, die Worte, von denen wir leben, weil sie Gegenwart des lebendigen Gottes, Gegenwart Jesu Christi in unserer Mitte sind und so die Welt aufreißen aus ihrer unerträglichen Langweiligkeit, Gleichmütigkeit, Schwere und Bosheit. *„Dies ist mein Leib, dies ist mein Blut"*: Das sind Aus-

5 Fröhliche Wissenschaft 3, 252, zitiert nach J. Pieper, Über den Begriff der Sünde (München 1977) 120.

drücke aus der Opfersprache Israels, in der die Gaben bezeichnet wurden, die man Gott im Tempel opferte.[6] Wenn Jesus diese Wörter nimmt, bezeichnet er sich **selbst** als **das endgültige und wirkliche Opfer**, in dem all diese vergeblichen Versuche des Alten Testamentes erfüllt sind. In ihm ist das, was darin immer gewollt war und nie sein konnte, aufgenommen. Gott will keine Tieropfer; ihm gehört alles. Und er will keine Menschenopfer, denn er hat den Menschen zum Leben geschaffen. Gott will Größeres: Er will die Liebe, die den Menschen verwandelt und in der er gottfähig wird, sich Gott überläßt. Nun erscheinen all die Hekatomben von Opfern, die im Tempel zu Jerusalem je dargebracht worden waren, und all die Opfer die ganze Weltgeschichte hindurch, dieses ewige vergebliche Bemühen, mit Gott gleichzuziehen, überflüssig und doch zugleich sozusagen als Fenster, die durchschauen lassen auf das Eigentliche; als Anläufe, die jetzt erfüllt sind. Das, was dort gemeint war: Gabe an Gott, Einheit mit Gott – dies geschieht in Jesus Christus, in ihm, der Gott nicht etwas gibt, sondern sich und darin uns.

Nun aber müssen wir fragen: Wie geht das und was heißt das näherhin? Dann stoßen wir auf ein zweites Element. Zu den beiden bedachten Sätzen, die aus der Tempel-Theologie Israels bzw. vom Bundesschluß am Sinai hergenommen sind, fügt Jesus ein Wort hinzu, das aus dem Buch Jesaja stammt: „Dies ist mein Leib, *der für euch hingegeben wird;* mein Blut, *das für euch und die Vielen vergossen wird*". Dieser Satz stammt aus den Liedern vom **Gottesknecht**, die wir bei Jesaja finden (53).[7]

6 J. Jeremias, Die Abendmahlsworte Jesu (Göttingen 1960³); J. Betz, Die Eucharistie in der Zeit der griechischen Väter II 1: Die Realpräsenz des Leibes und Blutes Jesu im Abendmahl nach dem Neuen Testament (Freiburg 1961).

7 Vgl. J. Scharbert, Stellvertretendes Sühneleiden in den Ebed-Jahwe-Liedern und in altorientalischen Ritualtexten, in: Bibl. Zeitschr. 1958

Wir müssen einen Augenblick auf deren Hintergrund zurückblenden, um ihren Gehalt zu verstehen. Israel hatte mit der babylonischen Verbannung seinen Tempel verloren. Es konnte Gott nicht mehr verehren; es konnte seinen Lobpreis nicht mehr darbringen; es konnte nicht mehr die Opfer der Sühne darbringen und mußte nun fragen, was hier eigentlich geschehen sollte, wie das Verhältnis zu Gott lebendig bleiben sollte, wie die Dinge der Welt richtig bleiben sollten. Denn darum ging es im Kult letztlich: das Verhältnis zwischen Mensch und Gott richtig zu halten, weil nur dann die Achse des Wirklichen überhaupt richtig bleibt. In solchen Fragen, wie sie die Zeit der Kultlosigkeit nötig machte, hat Israel eine neue Erfahrung empfangen. Es konnte keine Tempelliturgie feiern, es konnte nur leiden um seines Gottes willen. Seine größten Geister, die Propheten, haben unter der Erleuchtung Gottes begriffen, daß dieses Leiden des glaubenden Israel das wahre Opfer ist, der große neue Gottesdienst, mit dem es für die Menschen, für die ganze Welt vor den lebendigen Gott hintritt. Aber es blieb da doch eine offene Stelle: Israel ist der Gottesknecht, der in seinem Leiden Gott annimmt und für die Welt vor Gott steht, aber es ist doch zugleich auch befleckt und schuldig und egoistisch und verloren. Es kann die Gestalt des Gottesknechtes nicht vollends ausfüllen. So bleiben diese großen Lieder merkwürdig schwebend; einerseits sprechen sie von dem Geschick des leidenden Volkes und deuten es aus; helfen den Menschen, ihr Leid anzunehmen als Ja zu dem richtenden und liebenden Gott. Aber zugleich öffnen sie die Erwartung auf den, in dem dies ganz wahr sein wird, auf den, der wirklich der reine Zeuge Gottes in dieser Welt ist und der

190–213; ders., Die Rettung der „Vielen“ durch die „Wenigen“ im Alten Testament, in: Trierer theol. Zeitschr. 68 (1959) 146–161.

noch unnennbar bleibt. Im letzten Abendmahl nimmt Jesus dieses Wort in seinen Mund: Er leidet für die Vielen und zeigt damit, daß in ihm jene Erwartung erfüllt ist; daß in seinem Leiden dieser große Gottesdienst der Menschheit geschieht. Er selbst ist sozusagen das reine Für, der, der nicht für sich steht, sondern für alle zu Gott hin.

An dieser Stelle möchte ich eine Frage einblenden, über die von einigen mit großer Heftigkeit gestritten wird: Die deutsche Übersetzung sagt nicht mehr *„für Viele"*, sondern *„für alle"*; dabei ist bekannt, daß im lateinischen Missale und im griechischen Neuen Testament, also in dem zu übersetzenden Urtext, *„für Viele"* steht. Diese Differenz hat Einiges an Unruhe hervorgerufen; es wird die Frage gestellt, ob hier nicht der biblische Text verfälscht, etwas Falsches in die heiligste Stelle unseres Gottesdienstes hereingetragen sei. Dazu möchte ich dreierlei sagen.

1. Im ganzen Neuen Testament und in der ganzen Überlieferung der Kirche ist immer klar gewesen, daß Gott das Heil aller will und daß Jesus nicht für einen Teil, sondern für alle gestorben ist; daß Gott von sich aus – wir sagten es eben – keine Grenze zieht. Er scheidet nicht zwischen solchen, die er nicht mag, nicht zum Heil lassen will und anderen, die er bevorzugen würde; er liebt alle, weil er alle geschaffen hat. Deshalb ist der Herr für alle gestorben. So steht es im Römerbrief des heiligen Paulus: „Gott hat seinen eigenen Sohn nicht geschont, sondern ihn für uns alle dem Tod überlassen" (8,32); im fünften Kapitel des zweiten Korintherbriefs: „Er, der eine, ist für alle gestorben" (2 Kor 5,14). Im ersten Brief an Timotheus heißt es: „Christus Jesus hat sich als Lösegeld für *alle* hingegeben" (1 Tim 2,6). Dieser Satz ist deswegen besonders wichtig, weil aus der Formulierung und dem Zusammenhang erkennbar ist, daß hier ein eucharistischer Text zitiert wird. So wissen wir,

daß damals in einem bestimmten Umkreis der Kirche in der Eucharistie die Formel von der Hingabe „für alle" gebraucht worden ist. In der Überlieferung der Kirche ist die so verwahrte Einsicht nie verlorengegangen. Am Gründonnerstag wurde im alten Missale der Abendmahlsbericht mit den Worten eingeleitet: „Am Abend vor dem Leiden hat er für das Heil von allen ..." Aus solchem Wissen heraus wurde im 17. Jahrhundert ausdrücklich ein Satz der Jansenisten verurteilt, welcher besagte, Christus sei nicht für alle gestorben.[8] Diese Beschränkung des Heils wurde so ausdrücklich als Irrlehre zurückgewiesen, die gegen den Glauben der ganzen Kirche steht. Die kirchliche Lehre sagt genau umgekehrt: Christus ist für alle gestorben. Wir dürfen nicht anfangen, Gott Grenzen zu ziehen; den Kern des Glaubens verfehlt, wer ihn nur dann für lohnend hält, wenn er sozusagen mit dem Unheil der anderen belohnt wird. Eine solche Gesinnung, die die Strafe der anderen braucht, hat den Glauben nicht von innen angenommen; sie liebt nur sich selbst und nicht Gott, den Schöpfer, zu dem seine Geschöpfe gehören. Eine solche Gesinnung wäre wie die Gesinnung derjenigen, die es nicht ertragen konnten, daß auch die letzten Arbeiter den einen Denar bekamen; wie die Gesinnung derer, die sich nur belohnt gefühlt hätten, wenn die anderen weniger bekommen hätten. Es wäre die Gesinnung des zu Hause gebliebenen Sohnes, der die versöhnende Güte des Vaters nicht ertragen mochte. Es wäre Verhärtung des Herzens, in der zum Vorschein käme, daß wir nur uns selbst und nicht Gott gesucht haben; in der zum Vorschein käme, daß wir den Glauben nicht liebten, sondern ihn wie eine Last ertrugen. Wir müssen endlich dahin kommen, nicht mehr zu meinen, es sei schöner, ungläubig zu leben, so-

8 Denzinger/Hünermann Nr. 2005.

zusagen auf dem Markt arbeitslos herumzustehen wie die Arbeiter, die erst in der elften Stunde gesucht wurden; wir müssen frei werden von dem Wahn, geistliche Arbeitslosigkeit sei besser als das Leben mit dem Wort Gottes. Wir müssen den Glauben wieder so leben und bejahen lernen, daß wir in ihm die Freude erkennen, die wir nicht bloß tragen, weil dann die anderen benachteiligt werden, sondern deren wir dankbar voll sind und die wir weiterschenken möchten. Dies also ist das Erste: Es ist eine Grundaussage der biblischen Botschaft, daß der Herr für alle gestorben ist – Heilsneid ist nicht christlich.[9]

2. Als Zweites ist nun hinzuzufügen, daß Gott allerdings niemanden zum Heil zwingt. Gott nimmt die Freiheit des Menschen an. Er ist kein Zauberer, der zu guter Letzt alles, was war, beiseite wischt und das Happy-End herausführt. Er ist ein wirklicher Vater; ein Schöpfer, der die Freiheit bejaht, auch dann, wenn sie ihn nicht will. Deswegen schließt der umfassende Heilswille Gottes nicht ein, daß alle Menschen auch wirklich zum Heil kommen. Es gibt die Macht der Verweigerung. Gott liebt uns; wir brauchen nur die Demut aufzubringen, uns lieben zu lassen. Aber wir müssen uns auch immer wieder fragen, ob wir nicht den Hochmut haben, der es selbst leisten will; ob wir nicht dem Geschöpf Mensch und dem Schöpfer-Gott seine Größe und Würde rauben, indem wir dem Leben des Menschen seinen Ernst nehmen und Gott zum Zauberer oder zum Opa degradieren, vor dem alles gleichgültig wird. Auch, ja gerade die unbedingte Größe von Gottes Liebe hebt die Freiheit der Verweigerung und so die Möglichkeit des Unheils nicht auf.

3. Was also ist von der neuen Übersetzung zu halten? Schrift und Überlieferung kennen sowohl die Formel

9 Ausführlich habe ich diese Gedanken entwickelt in meinem kleinen Buch: Vom Sinn des Christseins (München 1965) 39 ff.

„für alle“ wie die Formel „für viele“. Beide sagen je einen Aspekt der Sache aus: einerseits den umfassenden Heilscharakter von Christi Tod, der für alle Menschen gelitten wurde; auf der anderen Seite die Freiheit der Verweigerung als Grenze des Heilsgeschehen. Keine der beiden Formeln kann das Ganze sagen; jede bedarf der Auslegung und der Rückbeziehung aufs Ganze der Botschaft. Ich lasse die Frage offen, ob es sinnvoll war, hier die Übersetzung „für alle“ zu wählen und damit Übersetzung mit Auslegung zu vermengen, wo doch Auslegung in jedem Fall unerläßlich bleibt.[10] Eine Verfälschung in der Sache ist nicht gegeben, denn ob die eine oder andere Formel steht, in jedem Fall müssen wir das Ganze der Botschaft hören: daß der Herr wahrhaft alle liebt und für alle gestorben ist. Und das andere: daß er unsere Freiheit nicht in einer spielerischen Zauberei beiseite schiebt, sondern uns Ja sagen läßt in sein großes Erbarmen hinein.

Kehren wir zurück und achten wir noch auf ein drittes Wort in den Abendmahlstexten: „Dies ist der *Neue Bund* in meinem Blut“. Wir hatten vorhin gesehen, wie Jesus in der Annahme seines Todes das ganze Alte Testament in sich bündelt und zusammenträgt; zuerst die Opfertheologie, all das also, was um und im Tempel geschah, dann die Theologie des Exils, der leidenden Gerechten. Hier kommt ein Drittes dazu, eine Stelle aus Jeremia (31,31), in der der Prophet den Neuen Bund vorhersieht, der nicht mehr an die leibliche Abstammung

10 Die Auskunft, im Hebräischen würde der Ausdruck „die Vielen“ gleichbedeutend sein mit „alle“, geht insofern an der hier gestellten Frage vorbei, als in diesem Fall kein hebräischer Text zu übersetzen war, sondern ein lateinischer (die römische Liturgie), der als unmittelbaren Bezugspunkt einen griechischen Text hat (das Neue Testament). Die neutestamentlichen Einsetzungsberichte sind keineswegs einfach Übersetzung (oder gar Falschübersetzung) von Jesaja, sondern eine selbständige Quelle.

von Abraham gebunden ist, nicht mehr an die Leistung des Gesetzes, sondern aus der neuen Liebe Gottes heraustritt, die uns ein neues Herz gibt. Dies nimmt Jesus hier auf. Wo er leidet und stirbt, wird dies Erwartete Wirklichkeit; sein Sterben ist Bundesschluß. Es bedeutet sozusagen Blutsbruderschaft zwischen Gott und den Menschen. Das war ja schon der Gedanke gewesen, unter dem auf dem Sinai der Bund dargestellt wurde. Dort hatte Moses den Altar als Zeichen Gottes sowie zwölf Steine als Zeichen der zwölf Stämme Israels einander gegenübergestellt und mit Blut besprengt, um Gott und Mensch zusammenzuschließen in der einen Gemeinschaft dieses Opfers. Was dort nur tastender Versuch war – hier geschieht es. Er, der der Sohn Gottes ist, und er, der Mensch ist, gibt sich in seinem Sterben dem Vater und erweist sich so als der, der **uns alle in den Vater hineinträgt**. Er stiftet nun wirklich Blutsbruderschaft, **Gemeinschaft von Gott und Mensch**; er stößt die Tür auf, die wir Menschen nicht aufstoßen können. Wir können nur tastend Gott andenken und wenn es an uns liegt, wissen wir nicht, ob er antwortet. Dies bleibt das Tragische, der Schatten, der über so vielen Religionen steht, daß sie ein Schrei sind, dessen Antwort dunkel bleibt. Nur Gott selbst kann ihn annehmen. Jesus Christus, der Gottessohn und der Mensch, der seine Liebe im Tod durchträgt, den Tod in ein Geschehen der Liebe und der Wahrheit umwandelt, er ist die Antwort; in ihm ist der Bund gegründet.

So wird sichtbar, wie Eucharistie entstanden ist, welches eigentlich ihre Quelle ist. Die Einsetzungsworte allein genügen nicht; der Tod allein genügt nicht, und auch beides zusammen reicht noch nicht, sondern dazu muß auch die Auferstehung treten, in der Gott diesen Tod annimmt und zur Tür macht in ein neues Leben hinein. Aus diesem Gesamtgefüge: daß er seinen Tod, das Unlogische, in ein Ja umwandelt, in einen Akt der

Liebe und der Anbetung, kommt heraus, daß Gott ihn annimmt, und daß so er sich selbst austeilen kann. Im Kreuz hat Christus die Liebe durchgehalten. Bei allen Unterschieden, die es zwischen den Berichten der Evangelisten gibt, ist eines gemeinsam: daß Jesus als Betender gestorben ist und daß er im Abgrund des Todes das erste Gebot aufgerichtet, Gott gegenwärtig gehalten hat.[11] Aus solchem Tod kommt dies Sakrament, die Eucharistie.

Zum Schluß bleibt uns, noch einmal zur Frage des Anfangs zurückzukehren. Ist Jesus nun gescheitert? Nun, er war gewiß nicht erfolgreich in dem Sinn wie Cäsar oder Alexander der Große. Irdisch gesehen ist er zunächst gescheitert: Er starb nahezu verlassen; er wurde verurteilt für sein Wort. Seiner Botschaft antwortete nicht das große Ja seines Volkes, sondern das Kreuz. Aus solchem Ende sollten wir erkennen, daß Erfolg keiner der Namen Gottes ist und daß es nicht christlich ist, nach dem äußeren Erfolg und nach der Zahl zu schielen. Gottes Wege sind anders: Sein Erfolg geschieht durch das Kreuz hindurch und steht immer unter diesem Zeichen. Seine wahre Beglaubigung durch die ganzen Jahrhunderte hindurch sind die, die dieses Zeichen angenommen haben. Wenn wir heute zurückschauen in die vergangene Geschichte, dann müssen wir sagen: Nicht die Kirche der Erfolgreichen beeindruckt uns; die Kirche der Päpste, die Weltherrscher waren; die Kirche derer, die sich mit der Welt zu arrangieren wußten; sondern was uns Glauben schafft, was beständig geblieben ist, was uns Hoffnung gibt, das ist die Kirche der Leidenden. Sie steht bis heute als Zeichen dafür, daß Gott ist und daß

11 Diesen Gedanken hat E. Käsemann 1967 in einem Vortrag auf dem Deutschen Evangelischen Kirchentag ausgesprochen (veröffentlicht unter dem Titel: Die Gegenwart des Gekreuzigten, in: E. Käsemann, Kirchliche Konflikte, Bd. 1, Göttingen 1982, 76–91, bes. 77. 80 f.).

der Mensch nicht nur eine Kloake ist, sondern daß er gerettet werden kann. Dies gilt von den Märtyrern der ersten drei Jahrhunderte bis herauf zu Maximilian Kolbe und den vielen ungenannten Zeugen, die in den Diktaturen unserer Tage ihr Leben für den Herrn gegeben haben; sei es, indem sie sterben mußten, sei es, indem sie sich lebend Jahr um Jahr und Tag um Tag seinetwillen zertreten ließen. Die Kirche der Leidenden beglaubigt ihn: Sie ist Gottes Erfolg in der Welt; das Zeichen, das uns Hoffnung und Mut gibt; das Zeichen, aus dem immer noch die Kraft des Lebens kommt, die hinausgeht über das bloße Erfolgsdenken und die damit den Menschen reinigt, Gott die Tür auftut in diese Welt herein. So wollen wir uns von Jesus Christus anrufen lassen, der im Kreuz den Erfolg Gottes errungen hat; der als gestorbenes Weizenkorn fruchtbar geworden ist über die Jahrhunderte hin: Baum des Lebens, auf den die Menschen auch heute hoffen dürfen.

Quelle des Lebens aus der in liebender Hingabe geöffneten Seite des Herrn

*Eucharistie: Mitte der Kirche**

Der Evangelist Johannes hat seine Darstellung der Passion Jesu Christi mit zwei großen Bildern umrahmt, in denen er jeweils das Ganze dessen, was Jesu Leben und Leiden bedeuten, sichtbar macht, um darin zugleich auch den Ursprung des christlichen Lebens, Ursprung und Sinn der Sakramente auszulegen. Am Anfang der Passionsgeschichte steht der Bericht von der Fußwaschung; an ihrem Ende die feierliche, bewegende Erzählung von der *Öffnung der Seite Jesu* (Joh 19,30–37). Johannes hat dabei mit großer Sorgfalt den Tag des Todes Jesu datiert.[1] Aus seinem Evangelium geht hervor, daß Jesus genau in der Stunde starb, in der im Tempel die Osterlämmer für das Paschafest geschlachtet wurden. So wird durch diesen Augenblick des Todes sichtbar, daß er das wirkliche Osterlamm ist; daß die Lämmer zu Ende sind, weil das Lamm gekommen ist. Für die Seite Jesu, die geöffnet wird, hat Johannes genau das Wort verwendet, das in der Schöpfungsgeschichte bei dem Bericht von der Erschaffung Evas steht, wo wir gewöhnlich

* Eucharistie – Mitte der Kirche, München 1978, S. 21–32.

1 Die Streitfrage nach dem historischen Recht der synoptischen oder der johanneischen Passionschronologie soll hier nicht aufgegriffen werden; vgl. dazu R. Pesch, Das Markusevangelium II (Freiburg 1977) 323–328.

„Rippe" Adams übersetzen.[2] Johannes macht auf diese Weise deutlich, daß Jesus der neue Adam ist, der in die Nacht des Todesschlafes hinuntersteigt und in ihr den Anfang einer neuen Menschheit eröffnet. Aus seiner Seite, aus dieser in der liebenden Hingabe geöffneten Seite kommt eine Quelle heraus, die die ganze Geschichte befruchtet. Aus der Todeshingabe Jesu strömen Blut und Wasser, Eucharistie und Taufe als Quell einer neuen Gemeinschaft.

Die offene Seite ist der Ursprungsort, aus dem die Kirche kommt, aus dem die Sakramente kommen, die die Kirche bauen. So wird in diesem Bild, das der Evangelist zeichnet, noch einmal ansichtig, was wir in der ersten Besinnung zu verstehen suchten. Für die Einsetzung der Eucharistie genügt das Abendmahl allein nicht. Denn die Worte, die Jesus da spricht, sind Vorwegnahme seines Todes, Umwandlung des Todes in ein Geschehen der Liebe, Umwandlung des Sinnlosen in den Sinn, der sich öffnet für uns. Aber das bedeutet dann auch, daß diese Worte nur dadurch Gewicht haben, nur dadurch schöpferisch sind über die Zeiten hin, daß sie nicht Worte blieben, sondern daß sie gedeckt wurden mit seinem wirklichen Tod. Und wiederum würde dieser Tod leer bleiben, würden seine Worte bloßer uneingelöster Anspruch bleiben; würde sich nicht wahrhaft zeigen, daß seine Liebe stärker ist als der Tod, daß der Sinn stärker ist als der Unsinn. Der Tod würde leer bleiben und auch die Worte nichtig machen, wenn nicht die Auferstehung käme, in der sichtbar wird, daß diese Worte aus göttlicher Vollmacht heraus gesprochen sind; daß seine Liebe in der Tat stark genug ist, weiterzureichen über

---

2 Vgl. dazu H. Rahner, Symbole der Kirche. Die Ekklesiologie der Väter (Salzburg 1964) 177–205; zum jüdischen Hintergrund A. Tossato, Il matrimonio nel Giudaismo Antico e nel Nuovo Testamento (Roma 1976) 49–80.

den Tod hinaus. So gehören diese drei zusammen: das Wort, der Tod und die Auferstehung. Und diese Dreieinigkeit von Wort, Tod und Auferstehung, die uns etwas vom Geheimnis des dreieinigen Gottes selbst ahnen läßt, die nennt die christliche Überlieferung das „Paschamysterium", das Ostergeheimnis. Nur alles drei zusammen ist ein Ganzes, nur diese drei zusammen sind wahrhaft Wirklichkeit, und dieses eine Ostergeheimnis ist der Ursprung, aus dem Eucharistie herauskommt.

Das aber bedeutet: Eucharistie ist weit mehr als bloß ein Mahl; sie hat einen Tod gekostet, und die Majestät des Todes ist anwesend in ihr. Wenn wir sie begehen, muß uns die Ehrfurcht vor diesem Geheimnis, die Scheu vor dem Mysterium des Todes erfüllen, der anwesend wird in unserer Mitte. Anwesend ist freilich zugleich auch, daß dieser Tod überwunden wurde durch Auferstehung und daß wir deshalb diesen Tod begehen können als das Fest des Lebens, als die Verwandlung der Welt. Zu allen Zeiten und in allen Völkern haben die Menschen in ihren Festen letztlich versucht, die Tür des Todes aufzustoßen. Ein Fest bleibt solange oberflächlich, bloße Zerstreuung und Betäubung, so lange es an diese letzte Frage nicht rührt. Der Tod ist die Frage aller Fragen und wo er ausgeklammert wird, ist letztlich keine Antwort gegeben. Nur wo er beantwortet wird, kann der Mensch wahrhaft feiern und frei werden. Das christliche Fest, die Eucharistie, reicht bis in diese Tiefe des Todes hinunter. Es ist nicht bloß fromme Unterhaltung und Zerstreuung, irgendeine religiöse Verschönerung und Verbrämung der Welt; es reicht bis in den tiefsten Grund hinab, der da genannt ist Tod, und stößt den Weg auf in das Leben, das den Tod überwindet. Damit ist aber eigentlich nun schon das ausgelegt, worüber wir in dieser Besinnung nachdenken wollen und was die Überlieferung zusammenfaßt in dem Satz: *Die Eucharistie ist Opfer, Vergegenwärtigung des Kreuzesopfers Jesu Christi.*

Wenn wir dies hören, stehen Widerstände in uns auf, und es war zu allen Zeiten so. Es erhebt sich die Frage: Liegt nicht eigentlich ein unwürdiges oder zumindest ein naives Gottesbild vor, wo von Opfern geredet wird? Steckt dahinter nicht die Vorstellung, wir Menschen müßten und wir könnten Gott etwas schenken? Zeigt sich da nicht die Meinung, daß wir sozusagen gleichrangige Partner Gottes sind, die ein Tauschgeschäft mit ihm machen: Wir geben ihm, damit er uns gebe? Verkennen wir nicht die Größe Gottes, der unserer Gaben nicht bedarf, weil er selbst Geber aller Gaben ist? Aber andererseits bleibt da freilich doch die Frage: Sind wir nicht alle Schuldner Gottes, ja, nicht nur Schuldner, sondern Schuldige, weil wir nicht mehr bloß einfach unser Leben und Sein ihm schulden, sondern schuldig geworden sind gegen ihn? Wie sollen wir mit ihm ins reine kommen? Wir können ihm nicht geben, und trotzdem können wir ja auch nicht einfach annehmen, daß er die Schuld wie nichtig behandelt, daß er sie nicht ernst nimmt, daß er den Menschen nur als ein Spiel betrachtet.

Auf eben diese Frage gibt die Eucharistie Antwort.

Als erstes sagt sie uns dabei dies: **Gott selber schenkt uns, damit wir schenken können.** Die Initiative in dem Opfer Jesu Christi kommt von Gott her. Zuerst ist es er selbst, der herabsteigt: „So sehr hat Gott die Welt geliebt, daß er seinen eingeborenen Sohn dahingab" (Joh 3,16). Christus ist nicht zuerst eine Gabe, die *wir* Menschen dem zürnenden Gott darbringen, sondern daß er da ist, daß er lebt, leidet und liebt, dies ist schon Werk der Liebe Gottes. Er ist das Heruntersteigen der erbarmenden Liebe, die sich zu uns herabbeugt; der Herr wird für uns zum Sklaven, wie wir in der vorausgehenden Betrachtung gesehen haben. Im selben Sinn steht im zweiten Korintherbrief als Ruf der Gnade an uns das Wort: „Laßt euch mit Gott versöhnen!" (2 Kor 5,20) Obwohl *wir* den Streit vom Zaun gebrochen haben, obwohl nicht Gott an uns schuldig wurde, sondern wir an ihm, geht er auf uns zu und bettelt gleichsam in Christus um Versöhnung. Er verwirklicht das, was der Herr in dem Gleichnis vom Opfer im Tempel sagt, wo es heißt: „Wenn du deine Gabe zum Altar bringst und es fällt dir ein, daß dein Bruder etwas gegen dich hat, dann laß die Gabe vor dem Altar liegen, geh hinaus, versöhne dich zuerst mit deinem Bruder und dann komm wieder und bring deine Gabe" (Mt 5,23 f.). Gott selber ist uns in Christus diesen Weg vorgegangen; er ist uns, seinen unversöhnten Kindern, entgegengepilgert – hinausgegangen aus dem Tempel seiner Herrlichkeit, um uns zu versöhnen.

Dasselbe zeigt sich aber auch schon, wenn wir zurückblicken auf den Anfang der Geschichte des Glaubens. Zuletzt opfert Abraham nicht etwas, was er selbst bereitgestellt hat, sondern er schenkt den Widder (das Lamm), der ihm von Gott geschenkt worden ist. So öffnet sich in diesem Uropfer Abrahams der Blick durch die Jahrtausende hin; dies Lamm im Dornengestrüpp, das Gott ihm schenkt, damit er schenken könne, ist gleichsam der erste Vorbote jenes Lammes Jesus Christus, das die Dornenkrone unserer Schuld trägt; das in die Dornen der Weltgeschichte eingetreten ist, um uns zu geben, was wir geben dürfen. Wer die Abrahamsgeschichte recht begreift, dem kann es nicht so gehen wie Tilman Moser in seinem unheimlichen Buch „Gottesvergiftung"; Moser liest aus ihr einen Gott heraus, der grausam ist wie ein Gift, das unser ganzes Leben vergällt.[3] Auch als Abraham unterwegs war und von dem Geheimnis des Widders noch nicht wußte, konnte er vertrauenden Herzens zu Isaak sagen: Deus providebit – Gott wird Sorge

3 Vgl. zu T. Moser den schönen Beitrag von O. H. Steck, Ist Gott grausam?, in: W. Böhme (Hg.), Ist Gott grausam? Eine Stellungnahme zu T. Mosers „Gottesvergiftung" (Stuttgart 1977) 75–95.

tragen. Weil er diesen Gott kannte, deswegen wußte er auch in der Nacht seiner Unbegreiflichkeit, daß er ein Liebender ist; deswegen konnte er auch da, wo nichts mehr zu begreifen war, auf ihn setzen und wissen, daß gerade der, der ihn scheinbar bedrängte, gerade so der wahrhaft Liebende war. In solchem Hineinschreiten, in dem sein Herz weit wurde, in dem er in den Abgrund des Vertrauens hineintrat und in der Nacht des unverstandenen Gottes es mit ihm wagte, da wurde er erst fähig, den Widder zu empfangen; den Gott zu begreifen, der schenkt, damit wir schenken können. Dieser Abraham allerdings spricht uns alle an. Wenn wir nur von außen zuschauen, wenn wir nur von außen und nur auf uns gerichtet Gottes Wirken ergehen lassen, dann werden wir Gott bald für einen Tyrannen ansehen, der mit dieser Welt spielt. Aber je mehr wir mit ihm gehen, je mehr wir ihm in der Nacht des Unverstandenen trauen, desto mehr werden wir innewerden, daß gerade der Gott, der uns scheinbar quält, der wahrhaft Liebende ist, auf den wir uns unbedingt verlassen können. Je tiefer wir hinabgehen in die Nacht des Unverstandenen und ihm trauen, desto mehr werden wir ihn finden, werden wir die Liebe und die Freiheit finden, die uns durch alle Nächte trägt. Gott schenkt, damit wir schenken können. Dies ist das Wesen des eucharistischen Opfers, des Opfers Jesu Christi; so drückt es auch seit ältesten Zeiten der römische Kanon aus: De tuis donis ac datis offerimus tibi – aus deinen Geschenken und Gaben schenken wir dir.

Auch das Zweite – ***wir*** **schenken** – gilt in aller Wahrheit und nicht bloß fiktiv. So ist nun zu fragen: Wie soll dies zugehen, daß einerseits, da wir nichts zu geben haben, Gott schenkt, und daß wir andererseits dabei doch nicht zu bloß passiven Objekten werden, die nur beschämt dastehen können, sondern wahrhaft ihn beschenken dürfen? Um das zu verstehen, müssen wir noch einmal in die Geschichte Israels zurückgehen, dessen glaubende Menschen ja leidenschaftlich und tief darum gerungen haben, was das eigentlich sei – ein Opfer, und wie es wirklich gottgemäß und menschengemäß geschehen könne. Durch solches Ringen ist in der Frömmigkeit der Psalmen und der Propheten immer tiefer eine Einsicht gereift, die sich etwa ausdrückt in solchen Worten: Ein zerknirschter Geist ist das wahre Opfer vor dir. Unsere Gebete mögen aufsteigen wie Weihrauch zu dir hin. Mehr als Tausende von fetten Widdern möge unser Gebet wiegen vor dir.

Israel fängt an zu begreifen, daß das gottgemäße Opfer der gottgemäße Mensch ist, und daß daher das wahre Opfer das Gebet, die dankende Rühmung Gottes ist, in der wir uns selbst ihm zurückgeben und damit auch uns und die Welt erneuern. Immer schon war der Kern des Kultes in Israel das, was wir mit einem lateinischen Wort „Memoriale" nennen: das **Gedenken**. Bei dem Begehen des Pascha wurde, ehe man das Lamm aß, vom Hausvater die Passahaggada gesprochen, das heißt, eine rühmende Erzählung der Großtaten Gottes an Israel. Der Hausvater preist die Geschichte, die Gott mit dem Volk gemacht hat, damit die Nachkommenden es hören. Aber er erzählt dies alles nicht wie eine vergangene Geschichte, sondern er rühmt darin die Gegenwart Gottes, der uns trägt und führt, dessen Tun also an uns und in uns gegenwärtig ist. In der Zeit, in der Jesus lebte, war immer mehr das Bewußtsein gewachsen, daß diese Passahaggada die eigentliche Mitte der Liturgie Israels, das eigentliche Opfer an Gott sei. Darin traf sich die Frömmigkeit Israels mit der neuen Frömmigkeit, die auch in der heidnischen Welt gewachsen war, in der ebenfalls immer mehr der Gedanke aufbrach, daß das wahre Opfer das Wort ist oder vielmehr: der Mensch, der im Wort des Dankes die Dinge und sich selbst vergeistigt, reinigt und so gottgemäß wird.

Jesus hat nun seine Abendmahlsworte in diese Passahaggada, in das Gebet des Dankes hineinverflochten, das damit über seine in Israel entwickelte Gestalt hinaus eine ganz neue Mitte gewann. Es blieb vorher eben doch bloß Wort, mit der Gefahr, bloße Rede zu werden; es blieb Wort in einer Geschichte, in der Gottes Sieg nicht offenkundig ist, trotz aller seiner großen Taten. Erst Jesus Christus gibt diesem Gebet die Mitte, die die verschlossene Tür aufstößt; diese Mitte ist seine Liebe, in der Gott siegt und den Tod besiegt. Der Kanon der römischen Messe ist direkt aus diesen jüdischen Lobpreisungsgebeten entstanden; er ist der unmittelbare Nachfahre und die direkte Fortsetzung dieses Abendmahlsgebetes Jesu Christi und damit der Kern der Eucharistie. Er ist der eigentliche Träger des Opfers, denn Jesus Christus hat darin seinen Tod in Wort umgewandelt – in Gebet – und er hat so die Welt verändert.[4] Denn das hat zur Folge, daß dieser Tod vergegenwärtigungsfähig ist, weil er in dem Gebet lebt und das Gebet nun durch die Jahrhunderte hindurchgeht. Es hat weiterhin die Folge, daß dieser Tod mitteilbar ist, weil wir in dieses verwandelnde Gebet eintreten, es mitbeten können. Dies also ist das neue Opfer, das er uns geschenkt hat, in das er uns alle aufnimmt: Weil er den Tod zum Wort des Dankes und der Liebe machte, kann er nun durch alle Zeiten hindurch anwesend werden als Quelle des Lebens, können wir im Mitbeten in ihn eintreten. Er sammelt sozusagen das Armselige unserer Leiden, unseres Liebens, unseres Hoffens und Wartens in dieses Gebet hinein zu einem großen Strom, in dem es mitlebt, so daß wir darin

4 Ausführlicher habe ich diese Zusammenhänge dargestellt in meinem Beitrag: Gestalt und Gehalt der eucharistischen Feier, in: Int. kath. Zeitschr. „Communio“ 6 (1977) 385–396; wieder abgedruckt mit 2 Nachträgen in: J. Ratzinger, Das Fest des Glaubens. Versuche zur Theologie des Gottesdienstes (Einsiedeln 1981, 1993[3]) 31–54.

wahrhaft Mitopfernde sind. Christus steht nicht isoliert uns gegenüber. Er ist als Weizenkorn allein gestorben, aber er steht nicht allein auf, sondern in seiner Auferstehung ist er Ähre, die die Gemeinschaft der Heiligen mitnimmt. Christus steht seit der Auferstehung nicht mehr allein, sondern er ist – wie die Kirchenväter sagen – immer „caput et corpus“: Haupt und Leib, geöffnet auf uns alle hin. So macht er sein Wort wahr: „Wenn ich am Kreuz erhöht sein werde, werde ich alles an mich ziehen“ (Joh 12,32). Deswegen brauchen wir die Furcht nicht zu hegen, die Luther zum Protest gegen den katholischen Meßopfergedanken veranlaßte, es werde dadurch die Ehre Christi gemindert; das „Meßopfer“ beruhe auf dem Gedanken, daß Christi Opfer nicht genügt habe und wir noch etwas danebensetzen müßten und könnten. Solch irrige Meinung mag es durchaus gegeben haben, mit dem wirklichen Sinn des Meßopfergedankens hat sie nichts zu tun. Die Größe von Christi Werk besteht eben darin, daß er nicht in einem getrennten Gegenüber zu uns bleibt, das uns in die bloße Passivität verwiese; er erträgt uns nicht nur, sondern er trägt uns, identifiziert sich so mit uns, daß ihm unsere Sünde, uns sein Sein zugehört: **Er nimmt uns wirklich an und auf, so daß wir mit ihm und von ihm her selbst aktiv werden, selbst zu Mithandelnden und so zu Mitopfernden werden, zu Teilhabern des Geheimnisses.** So kann auch unser Leben und Leiden, Hoffen und Lieben fruchtbar werden in der neuen Mitte, die Er uns geschenkt hat.

Fassen wir das bisher Bedachte zusammen. Der Kanon als Fortführung der Passahaggada ist als „Eucharistia“ (das heißt als Umwandlung von Sein in Dank) eigentlicher Kern der Messe. Die Liturgie selbst nennt ihn „rationabile obsequium“, Opfer in der Weise des Wortes. Sie setzt dabei zunächst das geistige Ringen der Propheten, der leidenden Gerechten in Israel, aber auch die sich daran annähernde reife Frömmigkeit der griechischen Welt voraus. Sie weiß aber vor allem, daß auch das menschliche Wort nur dadurch wahrhaft Anbetung und Opfer werden konnte, daß es gedeckt war vom Leben und Leiden dessen, der selbst das Wort ist. Die Umwandlung des Todes in Liebe, die sich in seinem Allmachtswort vollzieht, verschmilzt daher menschliches Wort mit dem Wort der ewigen Liebe, das der Sohn ist, der sich immerwährend dem Vater in Liebe übereignet. Deshalb kann dieses Wort, was menschliche Liebe nur wünscht: im Tod die Tür zur Auferstehung aufstoßen. So ist der Kanon als „wahrhaftes Opfer" Wort vom Wort; in ihm spricht der, der als Wort Leben ist. Indem er uns dieses Wort auf die Zunge legt, es uns mitsprechen läßt, macht er uns zu Mitopfernden: Sein Wort wird unser Wort, seine Anbetung unsere Anbetung, sein Opfer unser Opfer.

Demgemäß müssen wir jetzt noch einen Blick auf die Struktur des Kanons werfen. Dabei ist anzumerken, daß die neuen Hochgebete mit dem überlieferten römischen Kanon dieselbe Struktur teilen; was wir an ihm exemplarisch bedenken, gilt sachlich ebenso von ihnen. Wenn wir nun also auf den sogenannten römischen Kanon schauen, stoßen wir zunächst auf etwas Merkwürdiges: Er spricht keineswegs nur von Gott und Christus, von seinem Tod und seiner Auferstehung. Er spricht von Menschen, nennt Namen: Xystus, Clemens, Cyprian; er gibt uns die Freiheit, Namen einzufügen, die Namen der Menschen, die wir liebten und die uns vorangegangen sind in die andere Welt; die Namen der Menschen, denen wir danken oder deren Last wir mittragen möchten. Ja, der Kanon spricht darüber hinaus von der ganzen Schöpfung, denn wenn es am Schluß heißt: „Durch ihn segnest du all diese guten Gaben", dann geht sein Blick hinaus auf alles, was wir aus Gottes guten Händen empfangen; jede Mahlzeit soll gleichsam hineingehalten sein in diese neue Mahlzeit, die Christus uns schenkt, soll etwas von ihrem Dank für den Schöpfer-Gott in sich tragen. Wir sollten – nebenher bemerkt – dieses Bewußtsein wieder erneuern, daß all unsere Mahlzeiten von der Schöpfergüte Gottes leben und hinweisen auf diese höchste Mahlzeit, in der wir nicht mehr nur irdische Dinge, sondern Gottes leibhaftiges Erbarmen empfangen. Wir sollten uns vornehmen, unsere Mahlzeiten wieder mehr zu heiligen Zeiten zu machen; sie mit Gebet zu eröffnen und zu schließen. Solches Tun wird ein neues Klima in unsere Häuser tragen; wo wir gemeinsam beten, wo wir die Gaben Gottes dankend von ihm empfangen, entsteht eine neue Mitte, die auch uns verändert.

Im Kanon kommen Menschen vor, so sagten wir; dies hat einen sehr einfachen Grund. Es gibt nur *einen* Christus. Wo immer Eucharistie gefeiert wird, da ist er ganz da. Deswegen ist auch in der ärmsten Dorfkirche, wenn Eucharistie stattfindet, das ganze Geheimnis der Kirche, ihre lebendige Mitte, der Herr, anwesend. Aber dieser ganze Christus ist eben auch nur einer. Darum können wir ihn nur mit allen anderen zusammen haben. Er ist derselbe, hier oder in Rom, in Amerika oder in Australien oder in Afrika. Weil er nur einer ist, können wir ihn nur in der Einheit empfangen. Wo wir gegen die Einheit stünden, könnten wir ihm nicht mehr begegnen. Aus diesem Grund hat jede Eucharistiefeier die Struktur des „Communicantes", der Kommunion nicht nur mit dem Herrn, sondern auch mit der Schöpfung und mit den Menschen aller Orte und aller Zeiten. Auch dies sollten wir neu in unsere Seele hineinnehmen, daß wir mit dem Herrn nicht kommunizieren können, wenn wir es nicht miteinander tun; daß wir, wenn wir zu ihm hintreten, auch neu aufeinanderzutreten, eins miteinander werden müssen. Von daher ist es nicht nur eine Äußerlichkeit, sondern von innen notwendig, daß in der Eucharistiefeier Papst und Bischof genannt werden. Denn **Eucharistiefeier** ist nicht nur **Begegnung von Himmel und Erde**, sondern auch **Begegnung der Kirche von damals und von heute, Begegnung der Kirche von hier und dort**; sie setzt das sichtbare Hineintreten in ihre sichtbare und nennbare Einheit voraus. Die Namen von Papst und Bischof stehen dafür, daß wir wahrhaft die *eine* Eucharistie Jesu Christi feiern, die wir nur in der *einen* Kirche empfangen können.

So wird ein Letztes sichtbar: Mitte des Kanons ist der Bericht vom Abend vor Jesu Leiden. Wenn er gesprochen wird, dann erzählt der Priester nicht eine vergangene Geschichte, eine bloße Erinnerung an damals, sondern dann geschieht Gegenwart. „Dies *ist* mein Leib", das wird im Heute gesagt. Aber dieses Wort ist ein Wort Jesu Christi. Kein Mensch kann es von sich aus sagen. Niemand kann von sich aus seinen Leib als den Leib Christi, dieses Brot als seinen Leib im Ich Jesu Christi erklären. Dieses Ich-Wort – „*mein* Leib" kann nur Er selber sagen. Wenn ein Mensch es wagen würde, es aus sich zu sagen, sein Ich als das Ich Christi zu sehen, könnte dies nur Lästerung sein. Niemand kann sich selbst solche Vollmacht geben; kein anderer kann sie ihm geben; keine Gemeinde kann sie ihm geben. Sie kann nur geschenkt werden durch die Gesamtkirche, die eine ganze Kirche, der der Herr sich selbst übertragen hat. **Aus diesem Grunde braucht die Messe den, der nicht im eigenen Namen spricht, der nicht im eigenen Auftrag kommt, sondern der die ganze Kirche, die Kirche aller Orte und Zeiten vertritt, die ihm übertragen hat, was sie selbst empfangen hat.** Daß Eucharistiefeier an Priesterweihe gebunden ist, ist nicht, wie wir manchmal hören, eine Erfindung der Kirche, die sich damit allerlei Rechte anmaßt und den Geist einengt. Es folgt aus dem innersten Wesen dieses Wortes, das kein Mensch aus sich zu sprechen das Recht hat; es folgt daraus, daß dieses Wort nur im Sakrament der ganzen Kirche, in der Vollmacht, die sie allein als Einheit und Ganzheit hat, gesprochen werden kann. Solches Beschenktwerden mit dem Auftrag, den die ganze Kirche in ihrer Einheit selbst empfangen hat, nennen wir Priesterweihe. Von alledem her sollten wir versuchen, eine neue Ehrfurcht vor dem eucharistischen Geheimnis zu finden. Darin geschieht Größeres, als wir machen können. Seine Größe hängt nicht von unserer Gestaltung ab, sondern all unser Gestalten kann immer nur ein Dienen sein an dem Großen, das uns vorausgeht und das wir nicht schaffen. Wir sollten neu lernen, daß Eucharistie niemals das Werk bloß einer Gemeinde ist, sondern daß wir vom Herrn her empfangen, was der Einheit der Kirche geschenkt ist. Mich bewegen immer wieder jene Berichte aus Konzentrationslagern oder aus russischer Gefangenschaft, wo Menschen über Wochen und Monate die Eucharistie entbehren mußten und nicht zu der Eigenmacht griffen, sie sich selbst zu erschaffen, sondern die Eucharistie der Sehnsucht feierten, verlangend auf den Herrn warteten, der allein sich selber schenken kann. In solcher Eucharistie der Sehnsucht wurden sie auf eine neue Weise reif für sein Geschenk und empfingen es ganz neu, wenn dann irgendwo ein Priester ein Stück Brot und etwas Wein fand.

Wir sollten von da aus auch die Frage der Interkommunion mit der gebührenden Demut und Geduld annehmen. Es ist nicht unsere Sache, selbst zu tun, als ob Einheit wäre, wo sie nicht gegeben ist. Eucharistie ist niemals ein Mittel, das wir anwenden können; sie ist die Gabe des Herrn, die Mitte der Kirche selbst, über die wir nicht verfügen. Es geht hier nicht um persönliche Freundschaft, um subjektive Glaubensgrade, die wir ohnedies nicht messen können, sondern um das Stehen in der Einheit der einen Kirche und um unser demütiges Warten darauf, daß Gott selbst sie schenken möge. Statt hier zu experimentieren und dem Geheimnis seine Größe zu nehmen und es zu einem Mittel in unseren

Händen herabzuwürdigen, sollten auch wir lernen, die Eucharistie der Sehnsucht zu feiern und im gemeinsamen Beten und Hoffen auf neue Weise der Einheit mit dem Herrn entgegenzugehen.

Der Bericht des heiligen Johannes vom Tod des Herrn schließt mit den Worten: „Sie werden schauen auf den, den sie durchbohrt haben" (Joh 19,37 = Sach 12,10). Seine Geheime Offenbarung beginnt er mit diesen Worten (Offb 1,7), die dort als die Eröffnung des Gerichtstages dastehen, jenes Tages, an dem endgültig der Durchbohrte aufgehen wird über der Welt als ihr Gericht und als ihr Leben. Uns aber trägt er auf, schon jetzt auf ihn hinzuschauen, um so das Gericht zur Rettung zu machen. „Sie werden schauen auf den, den sie durchbohrt haben." Dies könnte geradezu Beschreibung der inneren Richtung unseres christlichen Lebens sein, daß wir lernen, immer mehr wahrhaft auf ihn hinzuschauen, die Augen unseres Herzens auf ihn gerichtet zu halten, ihn zu sehen und daran demütig zu werden; unsere Sünde zu erkennen, zu erkennen, wie wir ihn geschlagen haben, wie wir unsere Brüder und darin ihn verwundet haben; hinschauen auf ihn und zugleich hoffend werden, weil der Verwundete der Liebende ist; hinschauen auf ihn und davon den Weg des Lebens empfangen. Herr, schenke uns, daß wir auf dich hinschauen und darin wahres Leben finden!

Mahl der Versöhnten – Fest der Auferstehung

*Von der rechten Feier der heiligen Eucharistie**

Ich höre, daß es Spaltungen unter euch gibt, wenn ihr als Kirche zusammenkommt; zum Teil glaube ich das auch. Denn es muß zu Auseinandersetzungen unter euch kommen: So wird sichtbar, wer unter euch treu und zuverlässig ist. Was ihr also bei euren Zusammenkünften tut, ist keine Feier des Herrenmahls mehr; denn jeder verzehrt sogleich seine eigenen Speisen, so daß der eine hungert, während der andere schon betrunken ist. Könnt ihr denn nicht zu Hause essen und trinken? Oder verachtet ihr die Gemeinde Gottes? Wollt ihr die Armen bloßstellen? Was soll ich dazu sagen? Soll ich euch etwa loben? In diesem Fall kann ich euch nicht loben.
Denn ich habe vom Herrn empfangen, was ich euch überliefert habe: Jesus, der Herr, nahm in der Nacht, in der er ausgeliefert wurde, Brot, sagte Dank, brach es und sprach: Das ist mein Leib, der für euch hingegeben wird. Das tut zum Gedenken an mich! Ebenso nahm er nach dem Mahl den Kelch und sprach: Dieser Kelch ist der Neue Bund in meinem Blut. Das tut, sooft ihr daraus trinkt, zum Gedenken an mich! Denn sooft ihr von diesem Brot eßt und aus dem Kelch trinkt, verkündet ihr den Tod des Herrn, bis er kommt. Wer also unwürdig von dem Brot ißt und aus dem Kelch des Herrn trinkt, macht sich an Leib und Blut des Herrn schuldig. Jeder soll sich selbst prüfen, und dann soll er von dem Brot es-

* Eucharistie – Mitte der Kirche, München 1978, S. 33–47.68–70.

sen und aus dem Kelch trinken. Denn wer ißt und trinkt, ohne zu bedenken, daß es der Leib des Herrn ist, der richtet sich selbst, indem er ißt und trinkt.
(1 Kor 11,18–29)

Die Zurechtweisung des heiligen Paulus gegenüber der Gemeinde von Korinth trifft uns, denn auch bei uns ist Streit um die Eucharistie ausgebrochen; auch bei uns droht das Gegenüber von Parteiungen die heilige Mitte der Kirche zu verdunkeln. In diesem Streit um die Eucharistie stehen sich zwei entgegengesetzte Parteien gegenüber: Die eine, nennen wir sie die fortschrittliche, sagt, daß sich die Kirche mit ihrer traditionellen Meßfeier weit von dem ursprünglichen Willen des Herrn entfernt habe. Der Herr habe ein schlichtes Mahl der Brüderlichkeit mit seinen Jüngern gehalten und er habe gesagt: „Tut dies zu meinem Gedächtnis!" Die Kirche tue aber gerade nicht dieses, sondern sie habe daraus wieder eine sakrale kultische Handlung gemacht; sie habe das Ganze wieder zur Messe umstilisiert, prunkvolle Kathedralen, die Größe einer erhabenen Liturgie darum herumgebaut und so das einfache Wesen dessen, was Jesus aufgetragen hatte, bis zur Unkenntlichkeit verunstaltet. Die Parole, die aus solchen Anschauungen folgt, lautet: Entsakralisierung. Das Mahl des Herrn müsse wieder ein einfaches Mahl der Alltäglichkeit und der Menschlichkeit werden. Daraus entstand dann zum Beispiel die Schlußfolgerung, daß der Kirchenbau eigentlich nicht rechtens ist, sondern der Mehrzweckraum sei nötig, damit wirklich das Herrenmahl in dem Raum des Alltags geschehe und nicht ins Kultische überhöht werde. Ebenso ergab sich von da die Forderung nach Abbau der liturgischen Form, der liturgischen Gewänder und das Verlangen nach einfacher Hinkehr in die gewöhnliche Gestalt unseres heutigen Lebens. Je lauter diese Stimmen wurden und je mehr derlei auch verwirklicht wurde, desto stärker entstand gegen die Liturgiereform insgesamt der gegenteilige Einspruch. Der neugestalteten Liturgie wurde Puritanismus, Armseligkeit, Bilderstürmerei vorgeworfen. Es wurde gesagt, die Messe sei verprotestantisiert worden und das eigentlich Katholische sei in ihr zerstört. So habe die Kirche an diesem ihrem Mittelpunkt aufgehört, katholische Kirche zu sein. Man müsse neben ihr und gegen sie die Eucharistie feiern, weil es in ihr gültige Eucharistie nicht mehr gebe. Versuchen wir in dieser Besinnung, uns diesen beiden Fragen zuzuwenden.

Zunächst der ersten Frage: Jesus habe gar keinen Kult, keine Liturgie, sondern nur ein brüderliches Mahl des Alltags verlangt, indem er sagte: Tut *dies!* So plausibel dieser Einwand auch scheinen mag, wenn wir ein wenig näher in die Heilige Schrift hineinhören und uns nicht mit ihrer Oberfläche begnügen, wird sehr schnell seine Falschheit offenkundig. Denn Jesus hat den Jüngern nicht befohlen, das letzte Abendmahl als Solches und Ganzes zu wiederholen. Dies wäre auch gar nicht möglich gewesen, es war ein Paschamahl.[1] Pascha aber ist ein Jahresfest mit einem ganz bestimmten Datum im Mondkalender, das eben einmal im Jahr trifft. Sowenig ich beliebig Weihnachten feiern kann, sowenig ist Pascha einfach laufend wiederholbar. Jesus hat nicht aufgetragen, diese jüdische Liturgie, die er mit seinem Volke mitgefeiert hat, als Ganze zu wiederholen, was, wie gesagt, gar nicht möglich gewesen wäre. Der Wiederholungsbefehl bezieht sich auf das Neue, das er schenkt,

1 Dafür spricht in der Differenz zwischen johanneischer und synoptischer Christologie die höhere Wahrscheinlichkeit; vgl. R. Pesch, Das Markusevangelium II (Freiburg 1977) 323–328. 354–377; R. Schnackenburg, Das Johannesevangelium III (Freiburg 1975) 38–53. Im übrigen setzt auch Johannes die rituellen Elemente des Paschamahls voraus (Pesch II 326), so daß die Unmöglichkeit direkter Wiederholung in der christlichen Gemeinschaft auch, ja gerade von ihm her gilt.

auf die Gabe seiner selbst, die er eingestiftet hat mitten in den alten Zusammenhang der Liturgie Israels. Das *Wesentliche* ist damit geschenkt, aber es hat noch keine neue christliche Form gefunden. Erst in dem Augenblick, in dem durch Kreuz und Auferstehung und die folgende Geschichte die Kirche als selbständige Gemeinschaft neu aus Israel heraustritt, kann auch dieses neue Geschenk seine neue Gestalt finden. Damit ergibt sich nun aber die Frage: Von woher hat die Messe eigentlich ihre Form bekommen, wenn es nicht möglich war, das letzte Abendmahl als Solches und Ganzes zu wiederholen? Woran konnten die Jünger sich anschließen, um diese Gestalt zu finden?

Die Ausleger der Heiligen Schrift geben heute in der Hauptsache zwei verschiedene Antworten. Ein Teil von ihnen sagt, die Eucharistiefeier der werdenden Kirche schließe sich an die täglichen Mahlzeiten Jesu mit seinen Jüngern an. Andere meinen, die Eucharistie sei die *Fortsetzung der Sündermähler,* die Jesus gehalten hat.[2] Dies Zweite ist für viele zu einem faszinierenden Gedanken mit weitreichenden Konsequenzen geworden. Denn das würde ja bedeuten: Eucharistie ist der Tisch der Sünder, an den sich Jesus hinsetzt; Eucharistie ist die offene Gebärde, zu der er alle ohne Grenzen einlädt. Daraus folgt dann notwendig eine tiefgehende Kritik der kirchlichen Eucharistie, denn es besagt ja: Eucharistie kann keine Vorbedingungen kennen, nicht an Konfession und auch nicht an Taufe gebunden sein. Sie muß der offene Tisch sein, an dem sich alle mit dem weltweiten Gott ohne Bedingungen, ohne Grenzen und ohne konfessionelle Voraussetzungen treffen können. Aber wiederum – so verführerisch der Gedanke ist, er widerspricht dem Zeugnis

2 Einzelheiten dazu in meinem Aufsatz: Gestalt und Gehalt der eucharistischen Feier, in: Das Fest des Glaubens (Einsiedeln 1993[3]) S. 31–54.

der Bibel. Das letzte Abendmahl Jesu war keines derjenigen Mähler, die er mit „Zöllnern und Sündern“ hielt. Er hat es der Grundform des Pascha unterstellt, welche besagt, daß dieses Mahl in der Hausgemeinschaft der Familie gefeiert wird. So hat er es mit seiner neuen Familie, mit den Zwölfen, begangen; mit denen, denen er die Füße gewaschen hatte, die er durch sein Wort und durch dieses Bad der Vergebung dafür bereitet hatte (Joh 13,10), mit ihm Blutsgemeinschaft zu empfangen, mit ihm ein einziger Leib zu werden.[3] Die Eucharistie ist nicht selbst das Sakrament der Versöhnung, sondern sie setzt dieses Sakrament voraus. Sie ist das **Sakrament der Versöhnten**, zu dem der Herr diejenigen lädt, die mit ihm eins geworden sind; die gewiß immer Sünder und schwach bleiben, aber die doch ihm die Hand gegeben haben und seine Familie geworden sind. Deswegen geht von Anfang an der Eucharistie die Unterscheidung voraus. Wir haben dies ja gerade sehr dramatisch beim heiligen Paulus gehört: Wer unwürdig ißt, der ißt und trinkt sich das Gericht, weil er den Leib des Herrn nicht unterscheidet (1 Kor 11,27 ff.). Die Zwölfapostellehre, eine der ältesten nachneutestamentlichen Schriften aus dem Beginn des zweiten Jahrhunderts, nimmt diese apostolische Tradition auf und läßt den Priester vor der Austeilung des Sakraments sagen: „Wer heilig ist, der trete hinzu, wer nicht, tue Buße!“[4] Eucharistie ist – wiederholen wir es – das Sakrament derer, die sich vom Herrn haben versöhnen lassen, die seine Familie wurden und sich so in

3 Vgl. dazu bes. Joh 13, 8, wo von „Anteilhaben“ an Jesus gesprochen wird und einerseits eucharistische Terminologie aufklingt, andererseits ihr seinsmäßiger Tiefgang erkennbar wird. Vgl. Schnackenburg, a.a.O. II 21; R. Bultmann, Das Evangelium des Johannes (Göttingen 1957[15]) 357 Anm. 3; wichtiges Material zum Thema bei K. Hein, Eucharist and excommunication. A study in early Christian doctrine and discipline (Frankfurt 1973).

4 Didache X 6.

seine Hände hineingeben. Deswegen hat sie Zutrittsbedingungen; sie setzt das schon geschehene Hineingehen in das Geheimnis Jesu Christi voraus.

Aber auch der Anschluß an die *täglichen Mahlgemeinschaften Jesu* mit den Jüngern – die zweite der erwähnten Auskünfte – überzeugt nicht, denn wir wissen, daß die Eucharistie zunächst sonntäglich gefeiert wurde; sie trat also gerade heraus aus dem Gewöhnlichen des Alltags und so auch aus der gewöhnlichen Weise der Mahlgemeinschaft. Den eigentlichen Ansatzpunkt für die christliche Gestaltung des Vermächtnisses Jesu bot die Auferstehung. Sie war ja die grundlegende Ermöglichung dafür, daß er nun wirklich über die Grenzen der irdischen Leiblichkeit hinweg gegenwärtig ist und sich austeilen kann. Die Auferstehung aber war am ersten Tag der Woche geschehen. Bei den Juden galt dies als der Tag der Weltschöpfung. Für die Jünger Jesu wurde es der Tag, an dem eine neue Welt begann, der Tag, an dem mit dem Durchbruch aus dem Tod Neuschöpfung ihren Anfang fand. Es war der Tag, an dem Jesus Christus neu als der Erstandene in die Welt eingetreten war. Damit hatte er diesen ersten Tag, den Schöpfungstag, zu *seinem* Tag gemacht, zum „Tag des Herrn". So heißt er schon im ersten Jahrhundert; in der Geheimen Offenbarung (1,10) trägt er diesen Namen. Und bereits in der Apostelgeschichte (20,7) und im ersten Brief an die Korinther (16,2) finden wir diesen Tag als den Tag der Eucharistie bezeugt. Der Herr war am ersten Tag der Woche auferstanden; dieser sein Tag war nun Woche um Woche der Tag des Gedenkens an das Neue, das geschehen war. Die Jünger brauchten sich dabei nicht nur rückschauend an die Auferstehung wie an etwas Vergangenes zu erinnern: Der Auferstandene lebt; deswegen war der Auferstehungstag von innen her der Tag seiner *Gegenwart,* der Tag, da er sie versammelte, da sie sich um ihn versammelten. Der Sonntag als der Auferstehungstag wurde der innere Ansatz, der innere Ort für die Eucharistiefeier der werdenden Kirche. Von daher bekam sie ihre Gestalt. Sie wird gleichsam nun aus dem Boden des jüdischen Pascha herausgenommen und hineingepflanzt in den Auferstehungszusammenhang: **Fest der Auferstehung** zu sein, das ist nun ihr eigentliches Wesen. Schon zu Beginn des zweiten Jahrhunderts bezeichnete Ignatius von Antiochien die Christen als diejenigen, die „gemäß dem Sonntag leben",[5] das heißt, die von der Auferstehung, von ihrer Gegenwart im eucharistischen Fest her leben. So war der Grund zu der neuen Gestalt der eucharistischen Feier gesetzt. *Nach* dem irdischen Sättigungsmahl bei der Versammlung der Gläubigen begeht man danksagend und lobpreisend die Gegenwart von Tod und Auferstehung des Herrn. Mit innerer Notwendigkeit ist so aus dem letzten Abendmahl ein Fest geworden, zu dem die Freude gehört. Wiederum wissen wir schon aus der Apostelgeschichte, daß die Christen die Eucharistie mit Lobgesang feierten und aus dem fünften Kapitel des Epheserbriefes (5,19; vgl. Kol 3,16) sowie aus vielen anderen Stellen, daß sie den Herrn mit Psalmen und Hymnen und Gesängen lobpriesen.[6] Durch die Einpflanzung in den neuen Zusammenhang der Auferstehung, ohne die Eucharistie nur Erinnerung an einen Abschied ohne Wiederkehr wäre, ergab sich also von selbst zweierlei Neues: Anbetung und Lobpreis, das heißt der kultische Charakter, sowie die Freude über die Herrlichkeit des Auferstandenen.

Aber noch war damit die eucharistische Gestalt, die Form der Liturgie der Kirche, nicht abgeschlossen. Wir

5 Magn. 9,1.
6 Vgl. E. Peterson, Von den Engeln, in: ders., Theologische Traktate (München 1951) S. 323–407; J. Ratzinger, Theologische Probleme der Kirchenmusik (Rottenburg 1978).

müssen dazu bedenken, daß der jüdische Kult zwei Teile hatte. Der eine war der Opferkult im Tempel, wo gemäß den Vorschriften des Gesetzes die verschiedenen Opfer dargebracht wurden. Neben diesem Kult im Tempel, den es allein in Jerusalem gab und geben durfte, entwickelte sich immer mehr ein zweites: die Synagoge, die an allen Orten stehen konnte. In ihr wurde der Gottesdienst des Wortes gefeiert, die heiligen Schriften gelesen, die Psalmen gebetet, gemeinsam Gott gelobt, das Wort ausgelegt, die Bitte an Gott gerichtet. Nach der Auferstehung Jesu hörten seine Jünger auf, sich am Opferkult im Tempel zu beteiligen. Sie konnten es nicht mehr, denn der Vorhang des Tempels war zerrissen, das heißt: der Tempel war leer.[7] Nicht mehr der steinerne Bau war der Tempel, sondern der Herr, der sich selbst als der lebendige Tempel dem Vater geöffnet und von ihm her den Vater in die Menschheit herein eröffnet hatte. An die Stelle des Tempels tritt die Eucharistie, denn Christus ist das wahre Osterlamm; in ihm ist alles erfüllt, was je im Tempel geschehen war. Aber während die Jünger aus diesem Grunde nicht mehr an den blutigen Opfern des Tempels teilnahmen, sondern an deren Stelle das *neue* Osterlamm feierten, haben sie sich nach wie vor an dem Gottesdienst der Synagoge beteiligt. Die Bibel Israels war ja die Bibel Jesu Christi. Sie wußten, daß diese ganze Heilige Schrift, Gesetz und Propheten, von ihm redet; sie haben daher versucht, mit Israel dieses heilige Buch der Väter auf Jesus hin zu lesen und so das Herz Israels auf Jesus hin zu öffnen. Sie haben weiterhin mit den Israeliten die Psalmen gebetet, um sie so mit Jesus zu beten und in den Neuen Bund hinein zu eröffnen, sie von Ihm her neu zu verstehen. Wir können

7 Vgl. W. Trilling, Christusverkündigung in den synoptischen Evangelien (München 1969) 191–211; Y. Congar, Le mystère du temple (Paris 1957) 158–180.

aber zugleich in den Texten des Neuen Testaments jenen tragischen Weg verfolgen, in dem allmählich auch diese verbliebene Einheit mit Israel zerbrach. Es gelang nicht, ganz Israel dahin zu bringen, die Bibel als Wort von Jesus Christus und für Jesus Christus zu lesen. Die Synagoge verschloß sich zusehends solcher Auslegung der Heiligen Schrift und gegen Ende des ersten Jahrhunderts war die Trennung vollzogen. Es war nicht mehr möglich, in der Synagoge die Schrift mit Jesus zu verstehen. Damit traten nun Israel und Kirche getrennt nebeneinander. Die Kirche war vollends zu einer eigenen Größe geworden. Da sie sich nun an dem Wortgottesdienst Israels nicht mehr beteiligen konnte, mußte sie ihn selbst aus Eigenem vollziehen. Dies bedeutete mit Notwendigkeit, daß die beiden bislang getrennten Hälften des Gottesdienstes aneinanderrückten: Der Gottesdienst des Wortes vereint sich mit dem eucharistischen; jetzt, wo er die Vollgestalt eines geschlossenen christlichen Gottesdienstes gefunden hat, und damit Kirche vollends als Kirche gestaltet ist, wird dies Ganze in den Sonntagmorgen hineinverlegt, in die Stunde der Auferstehung; die Logik der Auferstehung kommt an ihr Ziel. Damit war die wesentlich christliche Form, wie wir sie bis heute in der Eucharistie der Kirche begehen, vollendet. Sie sieht so aus: Am Anfang steht der Wortgottesdienst, bestehend aus Lesungen aus dem Alten und Neuen Bund, Gesängen aus den Psalmen, neuen Gebeten und der freudigen Begrüßung des Herrn, dem Kyrie, das den antiken Huldigungsruf an den Kaiser in einen Huldigungsruf an Christus als den wahren Herrn der Welt umwandelt.[8] Dann folgt der eigentlich eucharistische Gottesdienst, von dem wir in der vorigen Besin-

8 Th. Schnitzler, Was die Messe bedeutet. Hilfen zur Mitfeier (Freiburg 1976) 73–78.

nung sahen, daß der Kanon als umfassendes „Opfer des Wortes“ direkt aus dem Beten Israels und Jesu herausgewachsen ist, aufgefüllt nun mit der neuen Mitte des Abendmahlsberichtes und -geschehens sowie der heiligen Kommunion. So war aus der inneren Logik der Gabe Jesu selbst die Gestalt der Messe geworden. Sie formt sich ohne Bruch als Erfüllung des ursprünglichen Auftrags; nun, da sie geworden war, stand sie auch offen dazu, den Reichtum des Tempels, den Reichtum der Völker aufzunehmen. Natürlich bedarf es da immer wieder der Reinigung. Dies ist die Aufgabe aller Jahrhunderte. In diesem großen Prozeß steht auch das, was sich in der Mitte unseres Jahrhunderts durchaus nicht zum ersten Mal abgespielt hat. Immer gilt es einerseits, den Reichtum des Betens und Hoffens und Glaubens der Völker einzulassen, aber andererseits, ihn so zu reinigen, daß die Mitte nicht verdeckt wird, daß das eigentliche Geheimnis Jesu Christi rein und groß sichtbar bleibt. Wer dies verstanden hat, weiß, daß die geschichtlich gewachsene Eucharistie der Kirche nicht Abfall vom Ursprung ist, sondern dessen wahre Frucht. Jene Versuche, die uns lehren wollen, zu einem einfachen profanen Mahl, zu Mehrzweckräumen und dergleichen „zurückzukehren“, sind nur scheinbar Zuwendung zum Ursprung. In Wirklichkeit sind sie ein Rückschritt hinter die **Wende von Kreuz und Auferstehung**, das heißt hinter das, was überhaupt Christentum in seiner Neuheit begründet. Hier wird nicht der Ursprung hergestellt, sondern das Ostergeheimnis und damit der Kern des Christusgeheimnisses aufgegeben.

Damit können wir uns jetzt der zweiten Frage zuwenden, die ja immer lauter wird. Ist nicht in der Liturgiereform eben dies Gewachsene zerstört worden? Wir wollen uns dabei nicht mit einzelnen Mißbräuchen befassen, die es zweifellos gegeben hat und wohl auch noch immer gibt. Ich möchte dazu jetzt nur dies sagen:

Wir alle müssen uns wieder neu darüber klar werden, daß die Eucharistie nicht in der Verfügung des Priesters und nicht in der Verfügung einer einzelnen Gemeinde steht, sondern daß sie das Geschenk Jesu Christi an die ganze Kirche ist und daß sie in ihrer Größe nur bleibt, wenn wir sie in dieser Unbeliebigkeit annehmen. All die ersten Scheinerfolge, die erzielt werden, wenn wir statt dessen unsere Gestaltungen wuchern lassen, bleiben Schein und Linsenmus, weil sie überdecken, daß in der wirklichen Eucharistie der Kirche mehr geschieht, als wir selbst je gestalten könnten. Reden wir also nicht weiter von Mißbräuchen, die Sache von einzelnen sind, und die wir im gemeinsamen Glauben zu überwinden versuchen müssen. Sprechen wir von den Angriffen, die auf die amtliche Gestalt der Liturgiereform vorgetragen werden. Von dem Streit um die Übersetzung „für viele" oder „für alle" war schon in der ersten Besinnung die Rede.

Drei weitere Haupteinwände gibt es. Der eine sagt, daß mit der Veränderung der „Opferung" der Opfercharakter der Messe zerstört worden sei, und daß sie so aufgehört habe, katholisch zu sein. Ein zweiter wendet sich gegen die Form des Kommunizierens: stehend in die Hände hinein. Und natürlich bleibt auch immer die Frage der Sprache umstritten.

Beginnen wir mit dem ersten. Ein in Saarbrücken lehrender Soziologe hat mit einem großen Aufwand an Gelehrsamkeit zu zeigen versucht, daß für jede Religion, und insbesondere für die katholische, wesentlich sei, daß dazu erst eine *Opferdarbringung* geschehe.[9] Nun aber seien stattdessen Lobpreisungen eingefügt. So werde nicht mehr geopfert, also sei die Eucharistie nach dem Konzil nicht mehr die Messe der katholischen Kir-

9 W. Siebel, Freiheit und Herrschaftsstruktur in der Kirche. Eine soziologische Studie (Berlin 1971) 20–52.

che. Nun würde eigentlich schon ein bescheidenes Wissen um den kleinen Katechismus genügen, um zu erkennen, daß der Opfergedanke seinen Sitz nie in der „Opferung" hatte, sondern im Hochgebet, dem „Kanon". Denn wir opfern ja Gott nicht dies und das; das Neue der Eucharistie ist die Gegenwart von *Christi* Opfer. Deswegen ist das Opfergeschehen dort, wo *Sein* Wort ertönt, Wort vom Worte, in dem er seinen Tod in ein Geschehen des Wortes und der Liebe verwandelt hat, damit wir so, indem wir es aufnehmen dürfen, hineingeführt werden in seine Liebe, hineingeführt werden in die trinitarische Liebe, in der er ewig sich dem Vater übergibt. Dort, wo das Wort vom Wort ertönt und damit unsere Gaben zu seiner Gabe werden, in der er sich selbst schenkt, *dort* ist das Opfer, das die Eucharistie seit eh und je ausmacht.

Das, was wir „Opferung" nennen, hat eine andere Bedeutung. Unser deutsches Wort Opferung kommt entweder von dem lateinischen offerre, oder wahrscheinlicher von operari.[10] Offerre bedeutet nicht opfern (das hieße im Lateinischen immolare), sondern es heißt herbeibringen, bereitstellen.[11] Und „operari" heißt wirken; es bedeutet hier auch: bereiten. Gedacht war einfach daran, daß da der eucharistische Altar bereitet werden mußte und daß dafür „operari", das heißt mancherlei Tun nötig war, damit die Lichter, damit die Gaben, damit Brot und Wein auf geziemende Weise für die Eucharistie zur Verfügung standen. Zunächst war dies also ein einfaches äußeres Bereiten für das eigentliche Geschehen. Aber sehr bald hat man es in einem tieferen Sinn ver-

10 Th. Schnitzler, a.a.O. 117 ff.

11 Zum Wortfeld offerre die wichtige Untersuchung von R. Berger, Die Wendung „offerre pro" in der römischen Liturgie (Münster 1965); vgl. zur Sache auch J. A. Jungmann, Messe im Gottesvolk. Ein nachkonziliarer Durchblick durch Missarum Sollemnia (Freiburg 1970) 60–67.

standen. Man hat die Geste des jüdischen Hausvaters übernommen, der das Brot vor das Angesicht Gottes emporhält, um es von ihm neu zu empfangen. In solchem Aufheben der Gabe vor Gott hin, in solchem Miteintreten in die Selbstbereitung Israels für Gott hat man das äußere Bereiten immer mehr als das innere Bereitwerden für die Nähe des Herrn begriffen, der uns selber sucht in unseren Gaben. Bis ins 9. oder 10. Jahrhundert hinein ist diese Geste der Bereitung, die aus Israel übernommen war, wortlos geschehen. Dann entstand der Eindruck, daß jede Gebärde im Christlichen auch des Wortes bedürfe. So wurden etwa im 10. Jahrhundert jene Gebete zur Opferbereitung geschaffen, die die Älteren von uns aus dem alten Missale kennen und lieben und vielleicht auch vermissen in der neuen Meßform. Es waren schöne und tiefe Gebete. Aber man muß doch auch zugeben, daß eine gewisse Mißverständlichkeit in ihnen lag. Sie wurden immerfort im Vorgriff auf das eigentliche Geschehen des Kanons formuliert. Beides, das Bereiten und das Endgültige des Opfers Christi, durchdringt sich in diesen Worten. Was in der Welt des Glaubens seinen guten Sinn hat und im Innern des Glaubens auch verstanden wird – daß wir nämlich in unserem Zugehen auf Christus immer schon von seinem Vorausgehen getragen sind – das konnte doch auch für den Suchenden und von außen Schauenden zum Mißverständnis führen. Daß es dies auch tatsächlich getan hat, zeigen gerade die Reaktionen, von denen eben die Rede war.

Aus diesem Grunde wollten die Liturgiereformer zunächst wieder in die Situation vor dem 9. Jahrhundert zurückkehren und den Ritus der Erhebung der Gaben wortlos belassen. Der Heilige Vater, Papst Paul VI., hat sich ganz persönlich mit Nachdruck dafür entschieden, daß auch hier Worte des Gebetes bleiben müßten. Er hat selbst an der Formung dieser Gebete Anteil genommen. Sie sind im Großen ihrer Gestalt aus den Tischgebeten

Israels genommen. Dabei müssen wir bedenken, daß all diese Tischgebete Israels, diese Segnungen, wie sie heißen, um das Paschageheimnis kreisen, auf das Pascha Israels hinschauen, von ihm her gedacht sind und leben. Dies bedeutet, daß sie im stillen Vorgriffe auf das österliche Geheimnis Jesu Christi sind, daß wir sie adventlich und österlich zugleich nennen dürfen. Vor allem werden wir uns daran erinnern, daß ja auch die Heilige Familie: Jesus, Maria, Joseph, so gebetet hat – auf der Flucht nach Ägypten, im fremden Land und dann zu Hause in Nazaret, und daß wiederum Jesus mit seinen Jüngern so gebetet hat. Wahrscheinlich galt auch damals schon die jüdische Regel, daß am Abend die Mutter die Kerzen entzündet und daß sie die Vorbeterin der Familie ist. So dürfen wir in diesen Segnungen die Stimme Marias hören, mit ihr beten. Das ganze Geheimnis von Nazaret, dieses adventliche Zugehen auf das österliche Geschehen, ist darin anwesend. So ist ein neuer Reichtum in die Liturgie gekommen. Wir beginnen gleichsam mit Nazaret in der Geste der Bereitung und gehen von da aus – in der Mitte des Kanon – hin auf Golgota, und schließlich hinein in das Auferstehungsgeschehen der Kommunion.[12] Ich glaube, wenn wir diese neuen alten Gebete so hören, dann können sie uns zu einem wunderbaren Schatz werden in der Vereinigung mit dem irdischen Leben Jesu, in der Vereinigung mit dem wartenden Beten Israels und im gemeinsamen Zugehen von Nazaret auf Golgota und in die Stunde der Auferstehung.

Der zweite Einwand, den wir bedenken wollten, richtet sich gegen die Kommunion: **kniend - stehend, Hand - Mund**. Nun, zunächst möchte ich sagen, daß beide Haltungen möglich sind und alle Priester darum bitten,

12 Vgl. zum Ganzen die schönen Ausführungen bei Th. Schnitzler, a.a.O. 117–129, bes. 122 f.; L. Bouyer, Frau und Kirche (Einsiedeln 1977) 17.

die Toleranz zu üben, die eines jeden Entscheidung anerkennt; ich möchte darüber hinaus Sie alle bitten, solche Verträglichkeit zu üben und nicht den anderen zu verdächtigen, der sich zu einer bestimmten Form entschieden hat. Aber Sie werden fragen: Ist hier eigentlich Toleranz die rechte Antwort? Oder ist sie nicht bei diesem Allerheiligsten fehl am Platz? Nun, wiederum wissen wir, daß bis zum 9. Jahrhundert die Kommunion stehend in die Hand empfangen worden ist. Das muß gewiß nicht besagen, daß es immer so bleiben soll. Denn das Große und Schöne an der Kirche ist, daß sie wächst, daß sie reift, daß sie das Geheimnis tiefer begreift. Insofern hat die neue Entwicklung, die nach dem 9. Jahrhundert begann, durchaus als Ausdruck der Ehrfurcht ihr Recht und ihre guten Gründe. Aber umgekehrt müssen wir doch auch sagen, daß unmöglich die Kirche 900 Jahre lang unwürdig die Eucharistie gefeiert haben kann. Wenn wir die Texte der Väter lesen, sehen wir, aus welchem Geist der Ehrfurcht heraus sie kommuniziert haben. Bei Cyrill von Jerusalem im 4. Jahrhundert finden wir einen besonders schönen Text. Er schildert in seinen Taufkatechesen den Kommunikanten, wie sie es machen sollen. Sie sollen vorgehen, ihre Hände zum Thron bilden, die rechte auf die linke legen, damit sie ein Thron für den König sei und zugleich ein Kreuz darstelle. Um diesen symbolischen Ausdruck voller Schönheit und Tiefe geht es ihm: Die Hände des Menschen bilden das Kreuz, das zum Thron wird, in das sich der König hineinbeugt. Die ausgestreckte, geöffnete Hand kann so zum Zeichen dafür werden, wie der Mensch sich dem Herrn entgegenhält, seine Hände öffnet für ihn, damit sie Werkzeug seiner Nähe, Thron seiner Erbarmungen in dieser Welt werden.[13] Wer dies bedenkt,

13 Mystagogische Katechese V 21, ed. A. Piédagrel 1966 (Sources

wird erkennen: Hier ist es falsch, um diese oder jene Haltung zu streiten. Streiten müssen und dürfen wir allein um das, worum die Kirche vor und nach dem 9. Jahrhundert gerungen hat, nämlich um die Ehrfurcht des Herzens, die sich vor dem Geheimnis des Gottes beugt, der sich in unsere Hände legt. Wir sollten dabei nicht vergessen, daß nicht nur unsere Hände unrein sind, sondern unsere Zunge auch und unser Herz auch, und daß wir mit der Zunge oft mehr sündigen als mit den Händen. Das größte Wagnis und zugleich Ausdruck für die erbarmende Güte Gottes ist es, daß nicht nur Hand und Zunge, sondern unser Herz ihn berühren darf. Daß der Herr in uns eintritt und in uns, mit uns leben, von innen her Mitte unseres Lebens und seine Verwandlung werden will.

Lassen Sie mich zuletzt noch zur **Sprache** ein paar Worte sagen. Auch hier sind zwei Dinge zu bedenken, die einen Spielraum unterschiedlicher Entscheidungen und Verwirklichungen freigeben. Auf der einen Seite nennt der römische Kanon das Geschehen der Messe mit der großen Sprache der griechischen Welt „rationabile obsequium" – ein Geschehen des Wortes, ein Geschehen, an dem Geist und Vernunft beteiligt sind. Das Wort Gottes will den Menschen anreden, es will von ihm verstanden und verständig beantwortet sein. Deswegen ist man in Rom etwa im 3. Jahrhundert, als man griechisch nicht mehr allgemein verstand, von der bis dahin geltenden griechischen Eucharistie-Sprache zur lateinischen übergegangen.[14] Aber daneben steht ein Zweites.

chrétiennes 126, 170 ff.); übers. u. eingel. von G. Röwekamp, Freiburg 1992 (Fontes Christiani, Bd 7, S.162 f.); vgl. J. A. Jungmann, Missarum Sollemnia II (Freiburg 1952) 469; zur rituellen Gestaltung der Kommunion der Gläubigen in der Geschichte 463–486.

14 Vgl. Th. Klauser, Kleine abendländische Liturgiegeschichte (Bonn 1965) 23–28.

Die Kirche hat später damit gezögert, die neuen sich bildenden Nationalsprachen Europas zu Liturgiesprachen zu machen. Zunächst deshalb, weil sie über lange Zeit hin noch nicht die Höhe und die Einheitlichkeit erreicht hatten, um in einem großen Raum gemeinsame Eucharistie zu ermöglichen; dann aber auch deswegen, weil sie sich jeder Nationalisierung dieses Geheimnisses widersetzte, weil sie auch in der Sprache das Umfassende ausdrücken wollte, das über die Grenzen der Orte und der Zeiten hinausreicht. Sie konnte bei der gemeinsamen lateinischen Liturgiesprache bleiben, weil sie wußte, daß es gewiß *auch* um den Verstand geht in der Eucharistie, aber um mehr als den Verstand – daß hier ein größeres, reiferes und umfassenderes Verstehen als das des bloßen Verstandes verlangt ist: daß hier auch das Herz verstehen muß.

Muttersprache ist nach dem Gesagten grundsätzlich berechtigt. Gefährlich würde sie dann werden, wenn sie die Eucharistie ins Nationale zurücknähme; gefährlich würde sie dann, wenn wir solang übersetzen wollten, bis nur noch das unmittelbar dem Verstand, gar der banalen Alltäglichkeit Verständliche übrig bliebe. In solchem Übersetzen müßte man immer mehr streichen, bis das Eigentliche verschwände. Weil es so steht, sollten wir dankbar beides annehmen: Die normale Form der Eucharistie ist die muttersprachliche, aber wir dürfen darüber nicht verlernen, sie in der gemeinsamen Sprache der Kirche der Jahrhunderte zu beten, zu lieben, um sie so in dieser Welt, die voller Bewegung ist, in der die Nationen immerfort einander begegnen und durchdringen, auch immer wieder gemeinsam feiern und in ihr miteinander den lebendigen Gott lobpreisen zu können. Auch hier sollten wir den unfruchtbaren Streit überwinden und eins werden in der Vielfalt, die der Herr uns geschenkt hat; eins darin, das Verständige und Verständliche, eins darin aber auch, das Umgreifende und über die Vernunft des augenblicklichen Verstehens Hinausreichende anzuerkennen und zu lieben.

Lassen Sie mich dazu am Schluß eine kleine Geschichte von Martin Buber erzählen. In ihr wird der Wert des verstandlichen Verstehens sichtbar; aber sie ist zugleich ein großartiges Plädoyer für die größeren Möglichkeiten des verstehenden Herzens. Martin Buber berichtet, daß der Rabbi Levi Jizchak von Berditschew eines Tages in eine Herberge kam, in der viele Kaufleute übernachteten. Am Morgen beteten sie das Morgengebet. Es zeigte sich, daß nur ein Gebetsriemen vorhanden war, den man aber nach jüdischer Tradition anlegen muß, um das Morgengebet sprechen zu können. So wurde er von einem zum anderen weitergereicht, und weil das viel Zeit kostete, beteten die einzelnen mit Rücksicht auf den Nächsten die Dinge so hastig herunter, daß kaum noch irgendein verständliches Wort übrig blieb. Der Rabbi beobachtete dies mit wachsendem Befremden; als das Ganze vorüber war, wandte er sich an zwei junge Leute und sagte einfach zu ihnen: „Ma-ma-ma, wa-wa-wa." Sie schauen ihn verwundert an und sagen: „Was willst du eigentlich?" Er antwortet wieder nur: „Ma-ma-ma, wa-wa-wa". Daraufhin halten sie ihn – verständlich – für einen Narren. Er aber sagt zu ihnen: „Wie, versteht ihr die Sprache nicht und habt doch soeben zu Gott dem Herrn in ihr gesprochen?" Nach einem Augenblick der Betroffenheit antwortet ihm einer: „Habt ihr nicht ein Kind in der Wiege liegen sehen, das die Stimme noch nicht zu gliedern vermag? Habt ihr nicht gehört, wie es allerlei Geräusch mit seinem Munde macht: Ma-ma-ma, wa-wa-wa? Alle Weisen und Gelehrten können es nicht verstehen. Wenn aber seine Mutter hinzukommt, weiß sie sogleich, was die Laute meinen."[15] Diese Geschichte ist keine Apologie des Geplappers. Aber sie läßt uns innewerden, daß es ein Ver-

15 M. Buber, Werke III, Schriften zum Chassidismus (München/Freiburg 1963) 334.

stehen des Herzens gibt, das über das Verstehen der Worte hinausreicht. Um dieses Verstehen des Herzens sollten wir vor allem suchen, damit auch unsere Worte gefüllt seien und damit wir würdig verherrlichen den lebendigen Gott.

Die Nähe des Herrn im Sakrament

*Die wirkliche Gegenwart Christi im eucharistischen Sakrament**

Jesus sprach: „Ich bin das Brot des Lebens. Eure Väter haben in der Wüste das Manna gegessen und sind gestorben. Aber wer das Brot ißt, das vom Himmel herabkommt, stirbt nicht. Ich bin das lebendige Brot, das vom Himmel herabgekommen ist. Wer von diesem Brot ißt, wird leben in Ewigkeit. Und das Brot, das ich geben werde, ist mein Fleisch für das Leben der Welt. Da stritten die Juden untereinander und sagten: Wie kann er uns sein Fleisch zu essen geben? Jesus sprach zu ihnen: Amen, Amen, ich sage euch, wenn ihr das Fleisch des Menschensohnes nicht eßt und sein Blut nicht trinkt, habt ihr das Leben nicht in euch. Wer mein Fleisch ißt und mein Blut trinkt, hat das ewige Leben, und ich werde ihn auferwecken am Letzten Tag. Denn mein Fleisch ist eine wahre Speise, und mein Blut ist ein wahrer Trank. Wer mein Fleisch ißt und mein Blut trinkt, der bleibt in mir, und ich bleibe in ihm. Wie mich der lebendige Vater gesandt hat und wie ich durch den Vater lebe, so wird auch jeder, der mich ißt, durch mich leben. Das ist das Brot, das vom Himmel herabgekommen ist; es ist anders als das Brot, das eure Väter gegessen haben, die dennoch gestorben sind. Wer dieses Brot ißt, wird leben in Ewigkeit. Diese Worte sprach Jesus, als er in der Synagoge von Kafarnaum lehrte“ (Joh 6,48–59).

* Eucharistie – Mitte der Kirche, München 1978, S. 49–66. 70 f.

Der heilige Thomas von Aquin hat in seiner Fronleichnamspredigt das Wort aus dem fünften Buch Mose aufgenommen, in dem sich die Freude Israels über seine Erwählung, über das Geheimnis des Bundes ausspricht. Dieses Wort heißt: „Wo wäre noch einmal eine große Nation, der ihre Götter so nahe sind wie uns unser Gott?“ (Dtn 4,7).[1] Man kann spüren, wie bei Thomas eine triumphale Freude darüber aufklingt, daß dieses Wort des Alten Bundes in der Kirche, im neuen Volk Gottes, erst seine volle Größe gefunden hat. Denn wenn in Israel Gott sich durch sein Wort zu Mose herabgebeugt hatte und so seinem Volk nahe geworden war, dann hat er jetzt selbst Fleisch angenommen, ist Mensch unter Menschen geworden und geblieben, so sehr geblieben, daß er sich im Geheimnis des verwandelten Brotes in unsere Hände und in unsere Herzen legt. Aus dieser Freude heraus, daß damit wahrhaft „Volk Gottes“ geworden ist, Gott so nahe ist, daß er nicht näher sein könnte, ist im 13. Jahrhundert das Fronleichnamsfest entstanden als ein einziger Hymnus des Dankes ob solchen Geschehens. Aber wir alle wissen, daß, was eigentlich Grund der Freude ist und sein sollte, zugleich Stein des Anstoßes ist, der Punkt der Krise, und dies von Anfang her. Denn in der Lesung aus dem Johannes-Evangelium haben wir gehört, wie schon bei der ersten Ankündigung der Eucharistie die Menschen murrten und sich auflehnten. Dieses Murren geht seither durch die Jahrhunderte hindurch und es hat gerade auch die Kirche unserer Generation tief verwundet. Wir wollen Gott gar nicht so nahe; wir wollen ihn nicht so klein, sich herabbeugend; wir wollen ihn groß und ferne haben. So stehen Fragen auf, die solche Nähe als unmög-

1 Predigt des Erzbischofs von München und Freising, Joseph Cardinal Ratzinger, in seiner Titelkirche Santa Maria Consolatrice in Rom am 2.9.1979.

lich erweisen möchten. Wenn wir in der folgenden Besinnung über ein paar dieser Fragen nachdenken, soll es nicht darum gehen, der Lust am Problem nachzuhängen, sondern darum, das Ja des Glaubens wieder tiefer zu lernen, seine Freude wieder zu empfangen und so auch das Beten, die Eucharistie selbst wieder neu zu erlernen. Es sind hauptsächlich drei Fragen, die sich dem Glauben an die wirkliche Nähe des Herrn entgegenstellen. Die erste: Sagt denn eigentlich die Bibel solches? Legt sie uns derlei auf oder ist dies nicht erst das naive Mißverständnis einer späteren Zeit, die das Hohe und Geistige des Christentums ins Kleine und ins Kirchliche heruntertransponiert? Die zweite Frage lautet: Kann denn das eigentlich sein, daß ein Leib sich mitteilt an allen Orten und zu allen Zeiten? Widerspricht dies nicht einfach der Grenze, die dem Leib wesentlich ist? Die dritte Frage heißt: Hat nicht die moderne Naturwissenschaft mit allem, was sie über „Substanz" und über die Materie sagt, die betreffenden Dogmen der Kirche so augenscheinlich überholt, daß wir sie in der Welt der Wissenschaft endgültig zum alten Eisen werfen müssen, sie gar nicht mehr vereinbar mit dem Denken von heute halten können?

Wenden wir uns der ersten Frage zu: Sagt die Bibel solches? Wir wissen, daß im 16. Jahrhundert dieser Streit leidenschaftlich geführt worden ist als Streit um ein Wort, um das „Ist": „Dies ist mein Leib, dies ist mein Blut." Meint dieses „Ist" wirklich die volle Kraft leiblicher Anwesenheit? Oder weist es nicht doch nur auf ein Sinnbild hin, so daß es auszulegen wäre: „Dies bedeutet meinen Leib und mein Blut"? Inzwischen haben sich die Gelehrten an diesem Wort müde gestritten und begriffen, daß der Disput um ein einziges, aus dem Zusammenhang herausgeschnittenes Wort nur in eine Sackgasse führen kann. Denn so wie in einer Melodie der Ton seine Bedeutung nur vom Gefüge des Ganzen erhält und allein aus ihm heraus zu verstehen ist, so können wir auch Wörter eines Satzes nur verstehen aus dem Sinngefüge des Ganzen, in dem sie ihren Platz haben. Wir müssen nach dem Ganzen fragen. Tun wir dies, so ist die Antwort der Bibel sehr klar. Wir haben ja gerade die dramatischen, an Deutlichkeit nicht zu überbietenden Worte Jesu aus dem Johannes-Evangelium gehört: „Wer mein Fleisch nicht ißt und mein Blut nicht trinkt, kann das Leben nicht haben … Mein Fleisch ist wahre Speise …“ (6,53.55) Als das Murren der Juden anhob, hätte der Widerspruch leicht gestillt werden können durch die Versicherung: Freunde, regt euch nicht auf; dies war nur eine bildliche Rede; die Speise bedeutet nur das Fleisch, ist es aber nicht! – Nichts davon im Evangelium. Jesus verzichtet auf solche Besänftigung, er sagt nur mit neuer Nachdringlichkeit, daß dies Brot leibhaftig gegessen werden muß. Er sagt, daß der Glaube an den menschgewordenen Gott einen leibhaftigen Gott glaubt und daß dieser Glaube zum wahren, erfüllten Glauben, zum Einswerden erst wird, wenn er selbst leibhaftig ist, wenn er sakramentales Geschehen ist, in dem der leibhaftige Herr unsere leibhaftige Existenz ergreift. Paulus vergleicht das Geschehen der heiligen Kommunion mit der leiblichen Vereinigung, die zwischen Mann und Frau geschieht, um die ganze Intensität und Wirklichkeit dieser Verschmelzung auszusagen. Er verweist zum Verständnis der Eucharistie auf das Wort der Schöpfungsgeschichte: „Die zwei (= Mann und Frau) werden ein Fleisch sein“ (Gen 2,24). Er fügt hinzu: „Wer sich dem Herrn verbindet, wird ein Geist (das heißt: eine einzige neue Existenz aus dem Heiligen Geist) mit ihm sein“ (1 Kor 6,16).

Wenn wir dies hören, erfahren wir zugleich schon etwas darüber, wie die Gegenwart Jesu Christi zu verstehen ist. Sie ist nicht etwas in sich Ruhendes, sondern sie ist eine Macht, die auf uns ausgreift, die uns aufnehmen, in sich hineinführen will.[2] Augustinus hat dies in seiner

2 Eindringlich zur Realpräsenz bei Paulus: E. Käsemann, Anliegen und

Kommunionfrömmigkeit tief verstanden. In der Zeit vor seiner Bekehrung, in seinem Ringen um die Leiblichkeit des Christlichen, die ihm vom platonischen Idealismus her ganz unzugänglich war, hatte er eine Art Vision, in der er eine Stimme hörte, die zu ihm sagte: „Ich bin das Brot der Starken, iß mich! Doch nicht du wirst mich in dich verwandeln, sondern ich werde dich in mich verwandeln."[3] Beim gewöhnlichen Essen ist es so, daß der Mensch der Stärkere ist. Er nimmt die Dinge auf und sie werden in ihn assimiliert, so daß sie Teil seiner eigenen Substanz werden. Sie werden in ihn umgewandelt und bauen seine leibliche Existenz auf. Aber im Zueinander mit Christus ist es umgekehrt; er ist die Mitte, er ist der Eigentliche. Wenn wir wahrhaft kommunizieren, heißt dies, daß wir aus uns herausgenommen werden, daß wir in ihn hineinassimiliert werden, daß wir eins werden mit ihm und durch ihn mit der Gemeinschaft der Brüder.

Damit sind wir nun schon bei unserer zweiten Frage angelangt: Geht das eigentlich, daß ein Leib sich so mitteilt, daß in vielen Hostien er ist, daß über die Orte und Zeiten hin immer dieser Leib da ist? Nun, wir müssen uns zunächst sicher bewußt machen, daß wir solches nie ganz verstehen werden, denn was hier geschieht, kommt aus der Welt Gottes und aus der Welt der Auferstehung heraus. Wir aber leben nicht in der Auferstehungswelt. Wir leben diesseits der Grenze des Todes. Wenn wir uns etwa ein Gebilde vorstellen würden, das nicht drei Dimensionen, Höhe, Breite, Länge hätte, sondern nur zwei,

Eigenart der paulinischen Abendmahlslehre, in: ders., Exegetische Versuche und Besinnungen I (Göttingen 1960) 11–34, 28 als Zusammenfassung der vorherigen Textanalyse: „Der Ausdruck ‚Realpräsenz' trifft also, was immer gegen ihn eingewandt werden mag, genau die von Paulus gemeinte Sache." Zu Joh 6: H. Schlier, Johannes 6 und das johanneische Verständnis der Eucharistie, in: ders., Das Ende der Zeit (Freiburg 1971) 102–123.

3 Augustinus, Confessiones VII 10,16.

nur die Fläche, so könnte sich ein derartiges Wesen niemals die dritte Dimension vorstellen, einfach weil es sie nicht hat. Es könnte nur versuchen, hinauszudenken über seine Grenze, ohne dies andere je wirklich sich ausmalen, umfassend begreifen zu können. Gerade so steht es mit uns. Wir leben in der Todeswelt; wir können hinüberdenken in die Auferstehungswelt, Annäherungen versuchen. Aber sie bleibt das andere, das wir nie ganz begreifen. Dies liegt an der Grenze des Todes, in die wir eingeschlossen sind, innerhalb deren wir leben.

Aber Annäherungen können wir versuchen. Eine solche eröffnet sich, wenn wir bedenken, daß das Wort „Leib" – „Dies ist mein Leib" – in der Sprache der Bibel nicht einfach den Körper im Gegensatz etwa zum Geist bedeutet. Leib bezeichnet in der Sprache der Bibel vielmehr die ganze Person, in der Leib und Geist untrennbar eins sind. „Dies ist mein Leib", das heißt also: Dies ist meine im Leib wesende ganze Person. Wie aber diese Person geartet ist, erfahren wir aus dem nächsten Wort: „Der für euch hingegeben wird." Das bedeutet: Diese Person ist: Sein-für-die-anderen. Sie ist in ihrem innersten Wesen das Sichausteilen. Deswegen aber, weil es um die Person geht und weil sie selbst von innen her das Offenstehen, das Sichgeben ist, kann sie ausgeteilt werden.

Ein wenig können wir das sogar von der Erfahrung unserer eigenen Leiblichkeit aus verstehen. Wenn wir darüber nachdenken, was der Leib für uns bedeutet, werden wir bemerken, daß er eine gewisse Gegensätzlichkeit in sich trägt. Einerseits ist der Leib die Grenze, die uns vom anderen abschließt. Wo dieser Leib ist, kann kein anderer sein. Wenn ich an dieser Stelle bin, bin ich nicht zugleich woanders. So ist der Leib die Grenze, die uns voneinander trennt; er bringt es deshalb mit sich, daß wir einander irgendwie fremd sind. Wir können nicht in den anderen hineinschauen; die Leibhaftigkeit verdeckt sein Inneres, er bleibt uns verborgen; ja, wir sind deshalb sogar uns selbst fremd. Wir sehen ja auch nicht in uns selbst, in unsere eigene Tiefe hinunter. Dies ist also das Eine: Der Leib ist Grenze, die uns undurchsichtig, undurchdringlich füreinander macht, die uns nebeneinanderstellt und uns verwehrt, einander zuinnerst zu sehen und zu berühren. Aber zugleich gilt ein Zweites: Der Leib ist auch Brücke. Denn durch den Leib hindurch begegnen wir uns, durch ihn kommunizieren wir in der gemeinsamen Materie der Schöpfung; durch ihn sehen wir uns, fühlen wir uns, werden wir einander nahe. In der Gebärde des Leibes wird offenbar, wer und was der andere ist. In der Weise, wie er sieht, blickt, handelt, sich gibt, sehen wir uns; er führt uns zueinander hin: Er ist Grenze und Kommunion in einem. Deshalb kann man sich selbst, seine Leiblichkeit verschieden leben: Man kann sie leben mehr nach der Versperrung oder mehr nach der Kommunion hin. Man kann seine Leiblichkeit und in ihr sich selbst so sehr auf Verschließung zu, in die Richtung des Egoismus hinein leben, daß fast nur noch Grenze bleibt und kein Begegnen mit dem anderen mehr sich auftut. Dann geschieht das, was Albert Camus einmal als die tragische Situation der Menschen miteinander schildert: Es ist, wie wenn zwei Menschen durch die Glaswand einer Telefonzelle voneinander getrennt sind. Sie sehen sich, sind ganz nah und doch ist da diese Wand, die sie einander unerreichlich macht. Ja, sie scheint wie ein Milchglas, das uns nur Umrisse ahnen läßt. Der Mensch kann sich also auf „Körper" hin leben; er kann sich im Egoismus so verschließen, daß der Leib nur noch Trennung, Grenze ist, die jede Kommunion ausschließt, in der er niemandem mehr wirklich begegnet, niemand an sein verschlossenes Inneres rühren läßt. Aber Leibhaftigkeit kann auch umgekehrt gelebt werden: als Sich-öffnen, als Freiwerden des Menschen, der sich mitteilt. Wir alle wissen, daß es auch dieses gibt; daß wir über Grenzen hinweg inwendig aneinanderrühren, einander nahe sind. Was man die Telepathie nennt, ist nur ein äußerster Fall dessen, was es auf geringere Weise doch unter uns allen gibt: verborgenes Sich-Berühren von der Mitte her, auch in der Ferne Einander-nahe-Sein. Auferstehung heißt eigentlich ganz einfach, daß Leib als Grenze aufhört und daß das, was an ihm Kommunion ist, bleibt. Jesus konnte deshalb auferstehen, ist deshalb auferstanden, weil er als der Sohn und der am Kreuz Liebende ganz Austeilen seiner selbst geworden ist. Auferstandensein heißt: kommunikabel sein; es bedeutet: der Offene, der Sich-Verschenkende sein. Von daher können wir auch verstehen, daß Jesus in der von Johannes überlieferten Eucharistierede Eucharistie und Auferstehung zusammenbringt und daß die Väter sagen, die Eucharistie sei das Medikament der Unsterblichkeit.[4] Kommunizieren heißt: mit Jesus Christus in Kommunion eintreten; es bedeutet: durch ihn, der allein die Grenze überwinden konnte, ins Offene treten und so mit ihm, von ihm her selbst auferstehungsfähig werden.

Damit ergibt sich aber ein Nächstes. Was uns hier gegeben wird, ist nicht ein Stück Körper, nicht eine Sache, sondern es ist er selbst, der Auferstandene – die Person, die sich uns mitteilt in ihrer durch das Kreuz hindurchgegangenen Liebe. Dies bedeutet, daß kommunizieren immer ein persönlicher Vorgang ist. Es ist nie einfach ein gemeinschaftlicher Ritus, den wir abwickeln wie irgendwelche anderen gemeinschaftlichen Verrichtungen auch. Im Kommunizieren trete ich in den Herrn hinein, der sich mir kommuniziert. Sakramentale Kommunion muß daher immer auch geistliche Kommunion sein. Deswegen geht die Liturgie vor der Kommunion von dem li-

4 Ignatius von Antiochien, Eph 20,2.

turgischen Wir in das Ich über.[5] Hier bin ich selbst gefordert. Hier muß ich aufbrechen, ich ihm entgegengehen, ihn anrufen. Die eucharistische Gemeinschaft der Kirche ist kein Kollektiv, in der Gemeinschaft dadurch erreicht wird, daß man auf den untersten Nenner heruntergeht, sondern sie wird eben dadurch Gemeinschaft, daß wir ganz wir selber sind. Sie beruht nicht auf dem Auslöschen des Ich, auf der Kollektivierung, sondern sie entsteht dadurch, daß wir wirklich mit unserem ganzen Ich selbst aufbrechen und in diese neue Gemeinschaft des Herrn hineintreten. Nur so ereignet sich etwas anderes als Kollektivität; nur so wächst wirkliches, an die Wurzel und in die Mitte und in die Höhe des Menschen reichendes Zueinander. Weil es so ist, gehört zur Kommunion vorab das persönliche Hintreten zu Christus, das Ich-Gebet; deshalb braucht sie hernach die Weile der Stille, in der wir ganz persönlich mit dem anwesenden Herrn sprechen. Wir haben dies vielleicht in den letzten Jahrzehnten alle zu sehr verlernt. Wir haben Gemeinde, Liturgie als Feier der Gemeinschaft neu entdeckt, und dies ist groß. Aber wir müssen auch neu entdecken, daß Gemeinschaft die Person verlangt. Wir müssen dieses stille Beten vor der Kommunion und das stille Einswerden mit dem Herrn, das uns-Aussetzen an ihn neu lernen.

Daraus ergibt sich ein Weiteres schließlich ganz von selbst. Was wir empfangen, ist – wir sagten es – Person. Diese Person aber ist der Herr Jesus Christus, Gott und Mensch zugleich. Die vergangene Kommunionfrömmigkeit früherer Jahrhunderte hat wahrscheinlich zu sehr des Menschen Jesus vergessen, zu sehr an Gott gedacht. Aber wir sind in der umgekehrten Gefahr, nur noch den

5 Vgl. dazu den schönen Beitrag von K. Lehmann, Persönliches Gebet in der Eucharistiefeier, in: Int. kath. Zeitschr. „Communio" 6 (1977) 401–406.

Menschen Jesus zu sehen und vergessen dabei, daß wir in ihm, der sich uns leibhaftig schenkt, zugleich den lebendigen Gott anrühren. Weil es aber so ist, darum ist Kommunizieren immer zugleich auch Anbeten. Schon in jeder echten menschlichen Liebe steckt etwas von einem Sich-Beugen vor der gottgeschenkten Würde des anderen, der Ebenbild Gottes ist. Schon echte menschliche Liebe kann nicht bedeuten, daß wir den anderen vereinnahmen und besitzen; sie schließt ein, daß wir das Große, das Einmalige der nie einfach in Besitz zu nehmenden Person des anderen ehrfürchtig anerkennen, uns beugen und so einander eins werden. In dem Kommunizieren mit Jesus Christus erreicht dies eine neue Höhe, denn hier wird menschliche Partnerschaft notwendig überschritten. Das Wort vom Herrn als unserem „Partner" erklärt zwar manches, deckt aber noch mehr zu. Wir stehen ja nicht auf gleicher Ebene. Er ist der ganz andere, die Majestät des lebendigen Gottes tritt mit ihm auf uns zu. Mit ihm sich vereinigen heißt sich beugen und dadurch sich auftun für seine Größe. Das hat sich in jeder Zeit auch in der Kommunionfrömmigkeit ausgedrückt. Augustinus sagt einmal in einer Predigt zu seinen Kommunikanten: Niemand kann kommunizieren, ohne zuerst angebetet zu haben. Theodor von Mopsuestia, ein Zeitgenosse von ihm, der in Syrien wirkte, berichtet, daß jeder Kommunikant vor dem Nehmen der heiligen Gabe ein Wort der Anbetung sprach. Besonders ergreifend ist, was uns von den Mönchen in Cluny um das Jahr 1000 erzählt wird. Wenn sie zur Kommunion hintraten, zogen sie ihre Schuhe aus. Sie wußten, daß hier der brennende Dornbusch ist, daß das Geheimnis, vor dem Mose in die Knie sank, hier anwesend war.[6] Die Formen wechseln, aber was bleiben muß, ist der Geist der Anbetung, der

6 Die Texte finden sich bei J. A. Jungmann, Missarum Sollemnia II 467 f.

erst wahres Heraustreten aus uns selbst, Kommunizieren, Freiwerden von uns und so Finden auch gerade der menschlichen Gemeinschaft bedeutet.

Kommen wir zu der dritten und letzten Frage: Ist die Lehre von der realen Gegenwart Christi in den eucharistischen Gaben nicht durch die Naturwissenschaft längst widerlegt, überholt? Hat die Kirche sich mit ihrem Substanzbegriff – sie redet ja von „Transsubstantiation" – nicht viel zu weit an eine im Grund primitive und überholte Wissenschaft gekettet, die heute keinen Stand mehr haben kann? Wissen wir denn nicht genau, wie die Materie zusammengesetzt ist: aus Atomen, und diese aus Elementarteilchen? Daß Brot keine Substanz ist und folglich auch schon alles Weitere nicht stimmen kann? Nun, solche Einwendungen sind im Letzten sehr oberflächlich. Wir können sie jetzt nicht im einzelnen bedenken und es ist auch gewiß nicht notwendig, daß immer jeder einzelne alles das mitbedenkt, was in der Kirche hier geistig gerungen worden ist. Wichtig ist nur, daß das Gerüst des Denkens steht, das uns dann hilft, den eigentlichen, von ihm gestützten Kern des Glaubens angstlos und heiter zu leben. Begnügen wir uns also mit ein paar Hinweisen. Ein erster: Mit dem Wort Substanz hat die Kirche gerade die Naivität weggenommen, die sich an das Greifbare und Meßbare hält. Im zwölften Jahrhundert drohte das Geheimnis der Eucharistie zerrissen zu werden zwischen zwei Gruppierungen, die je auf ihre Weise seine Mitte verfehlten. Da waren die einen, die ganz erfüllt waren von dem Gedanken: Jesus ist wirklich da. Aber „Wirklichkeit", das war für sie nur das Körperliche. Folglich kamen sie zu dem Satz: In der Eucharistie kauen wir das Fleisch des Herrn; damit aber waren sie einem bösen Mißverständnis erlegen. Denn Jesus ist auferstanden. Wir kauen nicht Fleisch, wie Menschenfresser es tun würden. Deswegen standen mit Recht andere gegen sie auf, die sich gegen solch primitiven „Realismus" wehrten. Aber auch sie waren dem gleichen Grundirrtum verfallen, nämlich nur das Materielle, das Greifbare, das Sichtbare für Wirklichkeit zu halten. Sie sagten: Weil Christus nicht in kaubarer Körperlichkeit da sein kann, kann Eucharistie nur Sinnbild Christi sein; kann das Brot den Leib nur bedeuten, aber nicht der Leib sein. In solchem Streit hat sich die Kirche dadurch geholfen, daß sie den Begriff von Wirklichkeit vertiefte. In einem schwierigen Ringen wurde die Erkenntnis aussagbar: „Wirklich" ist nicht bloß, was man messen kann. Wirklich sind nicht bloß die „Quanten", die quantitativen Dinge; die sind im Gegenteil immer nur Erscheinungen des verborgenen Geheimnisses des eigentlichen Seins. Hier aber, wo Christus begegnet, geht es um dies Eigentliche. Genau das wurde mit dem Wort „Substanz" ausgedrückt.[7] Nicht die Quanten sind gemeint, sondern der tiefe, der eigentliche Grund des Seins. Jesus ist nicht da wie ein Stück Fleisch, nicht im Bereich des Meßbaren und Quantitativen. Wer so die Wirklichkeit anfaßt, der täuscht sich über sie und damit über sich selbst. Damit aber lebt er verkehrt. Deswegen ist dies kein Streit unter Gelehrten, sondern es geht um uns selbst: Wie müssen wir zur Wirklichkeit stehen? Was ist „wirklich"? Wie müssen wir selbst sein, damit wir der Wahrheit entsprechen? Auf die Eucharistie hin wird uns gesagt: Die Substanz wird verwandelt, das heißt, der eigentliche Grund des Seins. Um ihn geht es und nicht um das Vordergründige, zu dem all das Meßbare und Greifbare gehört. Mit dem so Bedachten sind wir zwar einen guten Schritt vorangekom-

7 Zur Transsubstantiation J. A. Sayes, La presencia real de Christo en la Eucharistia, BAC 386 (Madrid 1976); E. Schillebeeckx, Die eucharistische Gegenwart (Düsseldorf 1967); A. Gerken, Theologie der Eucharistie (München 1973); J. Betz, Eucharistie als zentrales Mysterium, in: J. Feiner / M. Löhrer, Mysterium salutis IV 2 (Einsiedeln 1973) 185–311, bes. 289–311; J. Wohlmuth, Realpräsenz und Transsubstantiation im Konzil von Trient, 2 Bde (Frankfurt 1975).

men, aber noch nicht am Ende. Denn wir wissen nun zwar, was nicht gemeint ist, aber es bleibt die Frage: Wie ist es positiv aufzufassen? Wieder müssen ein paar Hinweise genügen, denn die Begrenzung unseres Blickfelds erlaubt uns nur, uns tastend zum Geheimnis vorzuwagen.

a) Ein Erstes. Was der Kirche immer wichtig war, ist dies, daß hier wirkliche Verwandlung geschieht. In der Eucharistie trägt sich wirklich etwas zu. Es wird Neues, was vorher nicht war. Das Wissen um Verwandlung gehört zu den Urgegebenheiten des eucharistischen Glaubens. Es kann daher auch nicht so sein, daß der Leib Christi zu dem Brot noch hinzutritt, als ob Brot und Leib Christi zwei gleichartige Dinge wären, die auf gleicher Weise als zwei „Substanzen" nebeneinander stehen können. Wenn der Leib Christi, das heißt Christus, der auferstanden-Leibhaftige, kommt, so ist er Größeres, Anderes, nicht in derselben Art wie das Brot. Es geschieht Verwandlung, die unsere Dinge durch Aufnahme in eine höhere Ordnung in ihrem eigenen Wesen trifft und ändert, auch wenn man das nicht messen kann. Wenn materielle Dinge als Nahrung in unseren Leib aufgenommen werden bzw. wenn überhaupt Materie Teil eines lebendigen Organismus wird, bleibt sie gleich und wird doch als Teil eines Neuen auch selbst verändert.[8] So Ähnliches geschieht auch hier. Der Herr bemächtigt sich des Brotes und des Weins, er hebt sie gleichsam aus den Angeln ihres gewöhnlichen Seins in eine neue Ordnung hinein; auch wenn sie rein physikalisch gleichbleiben, sind sie zutiefst Anderes geworden.

Das hat eine wichtige Konsequenz, die zugleich das Gemeinte selbst noch einmal deutlicher werden läßt: Wo

8 Vgl. J. Monod, Zufall und Notwendigkeit. Philosophische Fragen der modernen Biologie (München 1973[5]) 79–123.

Christus anwesend wurde, kann es hernach nicht sein, als ob nichts gewesen wäre. Dort, wohin er seine Hand gelegt hat, ist Neues geworden. Dies verweist wiederum darauf, daß Christsein als solches Verwandlung ist, daß es Bekehrung sein muß und nicht irgendeine Verzierung zum übrigen Leben hinzu. Es greift in die Tiefe hinein und läßt uns von der Tiefe her neu werden. Je mehr wir selbst als Christen von der Wurzel her neu werden, desto mehr können wir das Geheimnis von Verwandlung überhaupt verstehen. Schließlich läßt solche Verwandelbarkeit der Dinge uns inne werden, daß die Welt selbst verwandelbar ist, daß sie als Ganze einmal neues Jerusalem, Tempel, Gefäß der Anwesenheit Gottes sein wird.

b) Das Zweite ist dies: Was sich in der Eucharistie abspielt, ist objektives Geschehen an der Sache selbst und nicht bloß eine Vereinbarung, die wir unter uns vornehmen. Träfe das letztere zu, so wäre Eucharistie nur eine Vereinbarung unter uns; eine Fiktion, in der wir übereinkämen, „dies“ als „etwas anderes“ anzusehen. Dann wäre sie nur Spiel, nicht Wirklichkeit. Ihre Feier hätte nur den Charakter eines Spiels. Die Gaben würden nur zeitweise für kultische Zwecke „umfunktioniert“. Demgegenüber gilt: Was hier geschieht, ist nicht „Umfunktionierung“, sondern wirkliche Umwandlung; die Kirche nennt sie Umsubstantiierung. Wir berühren damit einen Streit, der in den sechziger Jahren viel Staub aufgewirbelt hat. Da wurde gesagt, man müsse Eucharistie etwa folgendermaßen verstehen: Stellen wir uns vor, wir hätten ein Stück Tuch, das nun zu einer Nationalfahne oder etwa zu einer Regimentsfahne gemacht wird. Als Tuch ist es sich gleich geblieben, aber weil dies Stück Tuch nun Sinnbild der Nation oder Sinnbild dieses Regiments geworden ist, muß ich davor die Kopfbedeckung abnehmen. Es ist nichts anderes, bedeutet aber etwas anderes. Später wird es in einem Museum verwahrt werden und die ganze Geschichte jener

Zeit in sich tragen. Man nannte die so geschehene Veränderung des Tuches Transsignifikation, zu deutsch: Bedeutungsänderung, „Umfunktionierung". Nun, ein Stück weit kann uns ein solches Beispiel durchaus verstehen helfen, daß Hineinnahme in einen neuen Zusammenhang Veränderung bewirkt.[9] Aber das Beispiel reicht nicht zu. Was in der Eucharistie an Brot und Wein geschieht, geht viel tiefer; es ist mehr als Umfunktionierung. Eucharistie überschreitet den Raum des Funktionalen. Das ist ja die Not unserer Zeit, daß wir nur noch in Funktionen denken und leben, daß der Mensch selbst nach seinem Funktionswert eingestuft wird und daß wir alle nur noch Funktionen und Funktionäre sein können, wo das Sein geleugnet wird. Die Bedeutung der Eucharistie als Sakrament des Glaubens besteht eben darin, daß sie aus dem Funktionalen herausführt und den Grund der Wirklichkeit trifft. Die Welt der Eucharistie ist keine gespielte Welt; sie beruht nicht auf Abmachungen, die wir treffen und auch widerrufen können, sondern hier geht es um Wirklichkeit, um ihren tiefsten Grund. Dies ist der springende Punkt, wenn die Kirche bloße Umfunktionierung („Transsignifikation") als ungenügend ablehnt und auf „Umsubstantiierung" besteht: Die Eucharistie ist mehr Wirklichkeit als die Dinge, mit denen wir täglich umgehen. Hier ist die eigentliche Wirklichkeit. Hier ist der Maßstab, die Mitte; hier begegnen wir jener Wirklichkeit, von der aus wir alle andere Wirklichkeit messen lernen sollten.

9 Zu den Theorien über Transfinalisation und Transsignifikation J. A. Sayes, a.a.O. 192–274; J. Wohlmuth, a.a.O., bes. I 4–52 und 453–461; W. Beinert, Die Enzyklika „Mysterium Fidei" und neue Auffassungen über die Eucharistie, in: Theol. Quartalschr. 147 (1967) 159–177. Den Vergleich mit dem Fahnentuch hatte zuerst B. Welte (in: M. Schmaus, Aktuelle Fragen der Eucharistie [München 1960]) formuliert, aber in einer durchaus das Funktionale überschreitenden und aufs Ontologische zielenden Intention.

c) Daraus ergibt sich ein Letztes. Wenn es so steht, das heißt, wenn Brot und Wein nicht von uns umfunktioniert werden, sondern durch das glaubende Beten der Kirche hindurch der Herr selbst handelt und Neues wirkt, dann bedeutet das, daß seine Gegenwart bleibt. Weil sie bleibt, darum beten wir den Herrn in der Hostie an. Dagegen gibt es manche Einwendungen. Es wird gesagt, das habe man doch im ersten Jahrtausend nicht getan. Darauf ist zunächst einfach zu sagen, daß die Kirche wächst und reift im Gang der Geschichte. Man muß hinzufügen, daß sie immer schon die heiligen Gestalten aufbewahrt hat, um sie zu den Kranken zu bringen. Solches Tun beruhte auf dem Wissen, daß die Gegenwart des Herrn bleibt. Deswegen hat sie die Gestalten immer schon mit heiliger Ehrfurcht umgeben. Ein zweiter Einwand lautet: Der Herr hat sich in Brot und Wein gegeben. Das sind Dinge zum Essen. Damit habe er doch deutlich genug gezeigt, was er damit will und was nicht. Brot ist nicht zum Anschauen, sondern zum Essen da, wurde demgemäß formuliert. Im Kern ist das richtig; auch das Konzil von Trient sagt so.[9] Aber erinnern wir uns zurück: Was heißt das: den Herrn empfangen? Dies ist nie nur ein leiblicher Vorgang, wie wenn ich ein Stück Brot esse. Dies kann deshalb nie nur das Geschehen eines Augenblicks sein. Christus empfangen heißt: auf ihn zugehen, ihn anbeten. Aus diesem Grund kann das Empfangen über den Moment der eucharistischen Feier hinausreichen, ja, muß es tun. Je mehr die Kirche in das eucharistische Geheimnis hineinwuchs, desto mehr hat sie begriffen, daß sie Kommunion nicht in den umgrenzten Minuten der Messe zu Ende feiern kann. Erst als so das Ewige Licht in den Kirchen entzündet wurde und neben dem Altar der Tabernakel aufgerichtet

9 Denzinger/Hünermann Nr. 643.

wurde, war gleichsam die Knospe des Geheimnisses aufgesprungen und die Fülle des eucharistischen Geheimnisses von der Kirche angenommen. Immer ist der Herr da. Die Kirche ist nicht bloß ein Raum, in dem in der Frühe einmal etwas stattfindet, während er den Rest des Tages „funktionslos" leer bliebe. Im Kirchenraum ist immer „Kirche", weil immer der Herr sich schenkt, weil das eucharistische Geheimnis bleibt und weil wir im Zugehen darauf immerfort im Gottesdienst der ganzen glaubenden, betenden und liebenden Kirche eingeschlossen sind.

Wir alle wissen, welch ein Unterschied ist zwischen einer durchbeteten Kirche und einer solchen, die zum Museum geworden ist. Wir stehen heute sehr in Gefahr, daß unsere Kirchen Museen werden und daß es ihnen dann geht wie Museen: Wenn sie nicht verschlossen sind, werden sie ausgeraubt. Sie leben nicht mehr. Das Maß der Lebendigkeit der Kirche, das Maß ihrer inneren Offenheit wird sich darin zeigen, daß sie ihre Türen offen halten kann, weil sie durchbetete Kirche ist. Ich bitte Sie deshalb alle von Herzen, daß wir darauf einen neuen Anlauf nehmen. Entsinnen wir uns wieder dessen, daß Kirche immer lebt, daß in ihr immerfort der Herr auf uns zugeht. Die Eucharistie und ihre Gemeinschaft wird umso gefüllter sein, je mehr wir im stillen Beten vor der eucharistischen Gegenwart des Herrn uns selbst auf ihn bereiten und wahrhaft Kommunizierende werden. Solches Anbeten ist ja immer mehr als Reden mit Gott im allgemeinen. Dagegen könnte sich dann mit Recht der immer wieder zu hörende Einwand richten: Ich kann ja auch im Wald, in der freien Natur beten. Gewiß kann man das. Aber wenn es nur dies gäbe, dann läge die Initiative des Betens allein bei uns; dann wäre Gott ein Postulat unseres Denkens – ob er antwortet, antworten kann und will, bliebe offen. Eucharistie bedeutet: Gott hat geantwortet: Eucharistie ist Gott als Antwort, als antwortende Gegenwart. Nun liegt die Initiative des Gott-Mensch-Verhältnisses nicht mehr bei uns, sondern bei ihm, und so erst wird es wirklich ernst. Deshalb erreicht das Gebet im Raum der eucharistischen Anbetung eine völlig neue Ebene; erst jetzt ist es zweiseitig und so erst jetzt wirklicher Ernstfall. Ja, es ist nun nicht nur zweiseitig, sondern allumfassend: Wenn wir in der eucharistischen Gegenwart beten, sind wir nie allein. Dann betet immer die ganze eucharistiefeiernde Kirche mit. Dann beten wir im Raum der Erhörung, weil wir im Raum von Tod und Auferstehung beten, also dort, wo die eigentliche Bitte in all unseren Bitten erhört ist: die Bitte um die Überwindung des Todes; die Bitte um die Liebe, die stärker ist als der Tod.[11] In diesem Beten stehen wir nicht mehr vor einem erdachten Gott, sondern vor dem Gott, der sich uns wirklich gegeben hat; vor dem Gott, der Kommunion geworden ist für uns und der so uns selbst aus Grenze zu Kommunion befreit und zur Auferstehung führt. Solches Beten müssen wir neu suchen. Es sollte die Frucht der Fastenzeit sein, daß wir wieder betende Kirche und damit offene Kirche werden. Nur die betende Kirche ist offen. Nur sie lebt und lädt die Menschen ein; sie schenkt Gemeinschaft und den Raum der Stille zugleich. Aus allem Bedachten folgt von selbst noch eine abschließende Überlegung. Der Herr schenkt sich uns leibhaft. Deswegen muß auch ihm unsere leibhaftige Antwort entsprechen. Das bedeutet vor allem, daß Eucharistie über die Grenze des Kirchenraums hinausreichen muß, in die vielfältigen Formen des Dienstes

11 Denselben Grundgedanken hatte ich bereits in der kleinen Broschüre: Sakramentale Begründung christlicher Existenz (Freising 1966) 26 f., darzustellen versucht. Der skizzenhafte Text, der vor dem Entstehen des nachkonziliaren Eucharistie-Streits verfaßt war, hatte inzwischen zu dem Mißverständnis geführt, ich wollte damit Realpräsenz und Anbetung leugnen. Ich hoffe, daß durch die hier gegebene Darstellung diesem Mißverständnis der Boden entzogen ist.

am Menschen und an der Welt. Es bedeutet aber auch, daß auch unsere Frömmigkeit, unser Gebet den Ausdruck im Leib verlangt. Weil der Herr sich als Auferstandener im Leibe gibt, müssen wir mit Seele und Leib antworten. Alle geistigen Möglichkeiten unseres Leibes gehören notwendig zur Gestalt der Eucharistie: Singen, Reden, Schweigen, Sitzen, Stehen, Knien. Wir haben vielleicht früher das Singen und das Reden zu sehr vernachlässigt und ausschließlich nebeneinander geschwiegen. Heute sind wir umgekehrt in Gefahr, das Schweigen zu vergessen. Aber nur alles drei zusammen – Singen, Reden, Schweigen – ist die Antwort, in der die Fülle unseres geistigen Leibes sich auftut für den Herrn. Das gleiche gilt für die drei körperlichen Grundhaltungen: Sitzen, Stehen, Knien. Wiederum haben wir früher vielleicht das Stehen und zum Teil auch das Sitzen als Ausdruck entspannten Hörens zu sehr vergessen und sind zu ausschließlich gekniet; heute finden wir uns auch da in der umgekehrten Gefahr. Und doch ist auch hier der eigene Ausdruck aller drei Haltungen notwendig. Zur Liturgie gehört das sitzende, besinnliche Hineinhören in das Wort Gottes. Zu ihr gehört das Stehen als Ausdruck der Bereitschaft so wie Israel das Osterlamm stehend aß, um seine Bereitschaft zum Auszug unter der Führung des Wortes Gottes zu bekunden. Stehen ist darüber hinaus auch Ausdruck für den Sieg Jesu Christi: Am Ende eines Zweikampfes ist es der Sieger, der steht. Von da erhält es seine Bedeutung, daß Stephanus vor seinem Martyrium Christus zur Rechten Gottes stehen sieht (Apg 7,56). Unser Stehen beim Evangelium ist so über die Exodus-Geste hinaus, die wir mit Israel teilen, Stehen beim Auferstandenen, Bekenntnis zu seinem Sieg. Schließlich ist auch das Knien wesentlich: als die leibhaftige Gebärde der Anbetung, in der wir aufrecht, bereit, verfügbar bleiben, aber zugleich uns vor der Größe des lebendigen Gottes und seines Namens beugen. Jesus Christus selbst hat nach dem Bericht des heiligen Lukas die letzten Stunden vor seinem Leiden auf dem Ölberg kniend gebetet (Lk 22,41). Stephanus fiel auf die Knie, als er vor seinem Martyrium den Himmel offen und Christus stehen sah (Apg 7,60). Vor ihm, dem Stehenden, kniet er. Petrus hat kniend gebetet, um die Auferweckung der Tabita von Gott zu erflehen (Apg 9,40). Paulus hat nach seiner großen Abschiedsrede vor den Presbytern von Ephesus (vor seinem Weggang nach Jerusalem in die Gefangenschaft hinein) kniend zusammen mit ihnen gebetet (Apg 20,36). Am tiefsten führt der Christushymnus des Philipperbriefs (Phil 2,6–11), der die jesajanische Verheißung der weltweiten knienden Huldigung vor dem Gott Israels auf Jesus Christus überträgt: Er ist der „Name, in dem jedes Knie sich beugt im Himmel, auf der Erde und unter der Erde“ (Phil 2,10). Aus diesem Text erfahren wir nicht nur die Tatsache, daß die Urkirche vor Jesus Christus kniete, sondern auch ihren Grund: Sie huldigt ihm – dem Gekreuzigten – damit öffentlich als dem Herrscher der Welt, in dem die Verheißung der Weltherrschaft des Israels-Gottes erfüllt ist. Sie bezeugt damit den Juden gegenüber ihren Glauben daran, daß Gesetz und Propheten von Jesus sprechen, wenn sie vom „Namen“ Gottes handeln; sie hält damit dem Kaiserkult – dem totalen Anspruch der Politik gegenüber – an der neuen Weltherrschaft Jesu fest, die die politische Macht begrenzt. Sie drückt ihr Ja zur Gottheit Jesu aus. Wir knien mit Jesus; wir knien mit seinen Zeugen – von Stephanus, Petrus und Paulus an – vor Jesus und dies ist ein Ausdruck des Glaubens, der ihm von Anfang an als sichtbares Zeugnis seines Gottes- und Christusverhältnisses in dieser Welt unerläßlich war. Solches Knien ist der leibhaftige Ausdruck unseres Ja zur wirklichen Gegenwart Jesu Christi, der als Gott und Mensch, mit Leib und Seele, mit Fleisch und Blut unter uns anwesend ist.

„Wo wäre ein Volk, dem seine Götter so nahe sind wie uns unser Gott ist?“ Bitten wir den Herrn, daß er die Freude über seine Nähe neu in uns erweckt, daß er uns neu zu Anbetenden macht. Ohne Anbetung gibt es keine Verwandlung der Welt.

Die Gegenwärtigkeit der Nähe des Herrn in den Alltag hinein

*Zur Frage der Verehrung und Sakralität der Eucharistie**

In die Liturgie dieses Abends vor Gründonnerstag ist eingefügt die Weihe der heiligen Öle zur Taufe, Firmung, Priesterweihe und Krankensalbung. Alle diese Sakramente, die in unserer Diözese gespendet werden, kommen so aus dem Geschehen dieser österlichen Stunde. So soll uns sichtbar werden, daß alles sakramentale Tun seinen Ursprung nimmt im Ostergeheimnis von Kreuz und Auferstehung des Herrn. Zugleich aber werden die Sakramente dadurch auch hineingebunden in die Einheit dieses Raumes, unserer Bischofskirche, und mit ihr in die Einheit der katholischen Kirche, in die Einheit aller Bischöfe, in die Einheit jener großen Kette der Handauflegungen, die uns zurückführt bis zu der Berufung der ersten Apostel, bis zu der Stunde am See Genesareth, im Abendmahlssaal und nach der Auferstehung des Herrn. Wir alle sind in Taufe und Firmung gesalbt. So wollen wir heute versuchen, auch von innen her hineinzugehen in die große Einheit des Leibes Christi, hineinzugehen in das österliche Geheimnis, aus dem unsere Heilung kommt; den Herrn bitten, daß wir immer mehr wahrhaft aus der Taufe und Firmung zu leben vermögen und so auch seiner eucharistischen Nähe würdig zu werden.

* Predigt des Erzbischofs von München und Freising Joseph Cardinal Ratzinger zur Missa Chrismatis am Mittwoch vor Gründonnerstag (2. 4. 1980) im Münchener Liebfrauendom.

Die Chrisam-Messe, die wir heute begehen, hebt aus dem umfassenden Ganzen des österlichen Geheimnisses in besonderer Weise den priesterlichen Auftrag heraus, der wie alle Sakramente seinen Ursprung und seinen bleibenden Grund in Kreuz und Auferstehung Jesu Christi hat. Der Heilige Vater hat auch in diesem Jahr wieder einen Brief an uns Priester gerichtet, der uns helfen soll, unseren Auftrag im Licht des Ostermysteriums neu zu verstehen und ihn so in der Einheit mit der ganzen Kirche tiefer zu leben.[1] Wir vollziehen die Besinnung dieses Tages deswegen in Gemeinschaft mit allen Gläubigen, weil ihnen unser Dienst gehört: Auch wenn wir über das Priestertum reden, gerade dann verkündigen wir nicht uns selbst, sondern Christus den Gekreuzigten, in dessen Dienst wir alle stehen.

In seinem Schreiben hat der Heilige Vater sich dieses Jahr Fragen des eucharistischen Sakramentes zugewandt, und zwar ganz bewußt solchen Fragen, in denen wir von einer gewissen Vereinseitigung bedroht sind. Es geht, wie man es heute ausdrücken würde, um eine Art revision de vie, Überprüfung unseres gemeinsamen Weges an einer Stelle, um unseren Kurs neu zu finden und zu klären. Zwei Hauptfragen möchte ich an diesem Abend aus dem Brief des Papstes herausgreifen und vor dem Herrn mit Ihnen zusammen bedenken: die Frage der Verehrung der heiligsten Eucharistie und die ihrer Sakralität.

Da ist zunächst die **eucharistische Verehrung**. Wir hatten im Konzil mit neuer Deutlichkeit entdeckt, daß die Mitte des eucharistischen Sakraments der feiernde Vollzug des

1 Schreiben „Über das Geheimnis und die Verehrung der heiligsten Eucharistie“ (1980) Verlautbarungen des Apostolischen Stuhls, herausgegeben vom Sekretariat der Deutschen Bischofskonferenz, Bd 15.

heiligen Geheimnisses ist, in dem der Herr sein Volk versammelt, es vereint und als sein Volk aufbaut, in dem er es in seine Hingabe hineinnimmt und sich ihm schenkt, sich von uns empfangen läßt. Eucharistie, so hatten wir wieder gesehen, ist Versammlung, in der der Herr an uns handelt und uns zusammenführt. All dies ist richtig und bleibt richtig. Aber mitunter war dieser Gedanke der Versammlung verflacht, von dem Hingabe-Gedanken gelöst und so Eucharistie zu einem bloßen Zeichen brüderlicher Gemeinschaft verkleinert. Zugleich führte die Konzentration auf die eucharistische Feier dazu, daß Glaube und Sakrament an Raum verloren unter uns. Schon äußerlich ist dies in manchen Kirchenbauten sichtbar geworden – die Stätte der Verehrung verbirgt sich wie ein Stück Vergangenheit irgendwo am Rande. Einschneidender war, daß die Eucharistie sich so selber auf die kurze Zeitspanne einer halben Stunde verdünnte, daß sie den Raum nicht mehr durchatmen, die Zeit nicht mehr durchpulsen konnte. Auf den Augenblick der heiligen Handlung beschränkt, wurde sie zu einer winzigen Zeitinsel am Rande des Tages, der als ganzer der Profanität, der Hektik unseres weltlichen Tuns und Treibens überlassen blieb. Wenn wir auf diese Entwicklung heute zurückschauen, erkennen wir, daß Verehrung des Sakraments nicht eine Konkurrenz zur lebendigen Feier der Gemeinde, sondern deren Bedingung, ihr unerläßlicher Lebensraum ist. Nur im Atemraum der Verehrung kann auch die eucharistische Feier lebendig sein; nur wenn das Gotteshaus und so die ganze Gemeinde immerfort durchlebt ist von der wartenden Gegenwart des Herrn und von unserer stillen Bereitschaft zur Antwort, kann die Einladung zur Versammlung uns in die Gastlichkeit Jesu Christi und der Kirche einführen, die die Voraussetzung der Einladung ist.

Der Papst hat diese Zusammenhänge mit einer Reihe von Überlegungen weiter verdeutlicht. Eine erste ist mit dem eben Gesagten schon angerissen: Eucharistische Verehrung ist gleichsam die Vertikale, in der sich allgemeines und besonderes Priestertum treffen. Wenn in der Messe vor allem das Gegenüber der beiden Berufungen zum Ausdruck kommt, so wird in der Verehrung das Ineinander sichtbar: Wir alle sind in diesem Sakrament Empfangende. Wir alle können nur verehrend vor ihm stehen. Auch die Vollmacht des Priesters muß im letzten Verehrung sein, aus Verehrung kommen und in Verehrung münden. Damit wird ein Weiteres sichtbar: Kommunion und Verehrung stehen nicht nebeneinander oder gar gegeneinander, sondern sind untrennbar eins. Denn kommunizieren heißt: in Gemeinschaft treten. Mit Christus kommunizieren heißt: Gemeinschaft mit ihm haben. Deswegen gehören Kommunion und Kontemplation zusammen: Ein Mensch kann mit einem anderen Menschen nicht kommunizieren, ohne ihn zu kennen. Er muß für ihn offen sein, ihn hören und sehen. Immer trägt Liebe oder Freundschaft auch das Moment der Ehrfurcht, der Verehrung in sich. Mit Christus kommunizieren verlangt daher, ihn anzuschauen, sich von ihm anschauen zu lassen, auf ihn zu hören, ihn kennenzulernen. Die Verehrung ist einfach der personale Aspekt des Kommunizierens. Wir können nicht sakramental kommunizieren, ohne es personal zu tun. Die sakramentale Kommunion wird leer und wird schließlich zum Gericht, wenn sie nicht immer wieder personal von uns aufgefüllt wird. Nicht erst von der Endzeit gilt das Wort des Herrn in der Apokalypse: „Siehe, ich stehe an der Tür und klopfe an. Wenn jemand meine Stimme hört und mir öffnet, dann trete ich ein zu ihm und halte Mahl mit ihm und er mit mir“ (3,20). Dies ist zugleich die Beschreibung des tiefsten Gehaltes eucharistischer Frömmigkeit. Wahres Kommunizieren kann nur geschehen, wenn wir die Stimme des Herrn hören, wenn wir antworten und aufmachen. So wird er bei uns eintreten und mit uns Mahl halten. Weil es so ist, möchte ich zwei Gedanken des päpstlichen Schreibens mit Nachdruck unterstreichen: „Keine Zeit sei uns für die Anbetung zu schade ... Unsere Anbetung sollte nie aufhören".[2] Damit hängt das andere zusammen: Der Papst betont sehr stark die persönliche Vertrautheit mit Christus als den Kern der eucharistischen Frömmigkeit.[3] Im Tode Jesu Christi, so sagt der Papst, ist jeder von uns bis zur Vollendung geliebt worden.[4] Eine verengte Vorstellung vom Menschsein Jesu Christi hat uns inzwischen manchmal gehindert, dies wahrzunehmen: Der Herr kennt auch mich und hat auch mich gekannt, er hat auch für mich gelitten.

Damit hängt ein weiterer Gesichtspunkt des Papstbriefes zusammen: Die Verehrung des Herrn im Sakrament ist auch eine Schule zur Schärfung des Gewissens. „Christus kommt in die Herzen und besucht das Gewissen unserer Brüder und Schwestern".[5] Die Abstumpfung der Gewissen ist das Einlaßtor der Gewalt, die die Welt verwüstet. Wer auf das Gesicht des Herrn hinschaut, in das die Knechte des Hohen Rats und des Pilatus hineingespuckt, das sie geschlagen und begeifert haben, der sieht in seinem Gesicht den Spiegel unserer Gewalt, den Spiegel dessen, was Sünde ist,und empfängt jene Reinigung des Gewissens, die zugleich die Voraussetzung jeder sozialen Reform, jeder Besserung der menschlichen Dinge ist. Denn die Reform der menschlichen Verhältnisse beruht zuallererst auf der Bestärkung der sittlichen Kraft. Nur Sittlichkeit ist die Kraft, die der Gewalt und

2 Nr. 3, letzter Absatz.
3 Nr. 4, 2. Absatz.
4 Nr. 3, 3. Absatz.
5 Nr. 6, 2. Absatz.

dem Egoismus Dämme setzen kann, und wo sie bedeutungslos wird, da ist der Verlierer allemal der Mensch selbst, die Schwachen zuerst.

So sagt uns der Papst auch, daß die eucharistische Verehrung eine „Schule tätiger Nächstenliebe ist“.[6] In der Eucharistie verehren wir ja nicht einfach nur Gott: „Die Verehrung der Eucharistie ist nicht so sehr die Verehrung einer unzugänglichen Transzendenz als vielmehr die Verehrung der göttlichen Herablassung“.[7] In ihr begegnet uns das Lebensopfer Jesu Christi und in ihm die Liebe selbst. Liebe aber kann man nur im Mitlieben verstehen. „Wir lernen nicht nur die Liebe kennen, sondern wir selbst beginnen zu lieben. Deswegen ist die eucharistische Verehrung der Punkt, an dem sich das Persönliche und das Sakramentale, das Sakramentale und das Soziale treffen – der Punkt, an dem die apostolische und spirituelle Vitalität der Kirche und unseres Dienstes zugleich verankert sind“.[8]

Wenden wir uns nun dem zweiten Gesichtspunkt zu, dem **sakralen Charakter** der Eucharistie. Wir waren in den letzten 15 Jahren viel eher vom Gedanken der „Entsakralisierung“ bestimmt gewesen. Wir waren getroffen von dem Wort des Hebräerbriefes: Christus hat außerhalb der Mauern gelitten (13,12). Dies wiederum klang zusammen mit dem anderen Wort, daß beim Tod des Herrn der Vorhang des Tempels zerriß. Nun ist der Tempel leer. Das Sacrum, die heilige Gegenwart Gottes, birgt sich nicht mehr in ihm; es ist draußen, vor der Stadt. Der Kult ist aus dem heiligen Gehäuse herausverlegt in das Leben, Leiden und Sterben Jesu Christi. Er hatte seine wahre Gegenwart zuvor schon in seinem Leben. Mit

6 Nr. 6, 1. Absatz.
7 Nr. 7, vorletzter Absatz.
8 Nr. 4, letzter Absatz.

dem Zerreißen der Tempelvorhänge, so hatten wir uns gedacht, ist die Grenze zwischen sakral und profan zerrissen. Der Kult ist nicht mehr etwas Abgetrenntes vom täglichen Leben, sondern das Heilige wohnt in der Alltäglichkeit. Das Heilige ist nicht mehr ein besonderer Bereich, sondern es will überall sein, gerade in der Weltlichkeit will es sich verwirklichen. Daraus sind dann sehr praktische Folgerungen gezogen worden, bis in die priesterliche Kleidung hinein, bis in die Form des christlichen Kults und des Kirchenbaues. Überall sollte sich diese Schleifung der Bastionen vollziehen, nirgends mehr Leben und Kult voneinander unterscheidbar sein. Aber damit war die Botschaft des Neuen Testamentes von einem richtigen Ausgangsgedanken her zuletzt doch wesentlich mißverstanden. Denn Gott zieht sich nicht von der Welt zurück, um sie ihrer Weltlichkeit zu überlassen, und ebensowenig bestätigt er einfach die Welt in ihrer Weltlichkeit, als ob sie als solche auch schon heilig wäre. Solange die Welt nicht vollendet ist, solange bleibt in ihr der Unterschied des Heiligen und Profanen, denn Gott entzieht ihr die Gegenwart seiner Heiligkeit nicht, aber seine Heiligkeit hat auch noch nicht das Ganze erfaßt. Die Passion Jesu Christi außerhalb der Stadtmauern und das Zerreißen der Tempelvorhänge bedeutet nicht, daß nun überall Tempel sei oder nirgends mehr. Das wird erst im neuen Jerusalem der Fall sein. Diese Vorgänge bedeuten vielmehr, daß mit dem Tod Jesu Christi die Mauer zwischen Israel und der Völkerwelt aufgebrochen ist. Sie bedeuten, daß Gottes Verheißung aus dem engen Rahmen des Alten Bundes und seines Tempels heraustritt in die Weite der Völkerwelt hinein. Sie bedeuten, daß an Stelle der nur zeichenhaften Heiligkeit der Bilder des Alten Testaments das wirkliche Sacrum, der heilige Herr in seiner menschgewordenen Liebe getreten ist. Sie bedeuten endlich, daß nun überall dort das heilige Zelt Gottes, die Wolke seiner Nähe steht, wo das

Geheimnis seines Leibes und Blutes gefeiert wird, wo Menschen aus ihren eigenen Werken heraustreten in die Gemeinschaft mit ihm hinein. Das heißt, daß hier die Sakralität dichter und machtvoller, weil wahrer ist als zuvor im Alten Bund; es heißt auch, daß sie verletzlicher geworden ist und von uns noch größere Achtsamkeit und Ehrfurcht verlangt: nicht nur rituelle Reinigung, sondern die umfassende Bereitung des Herzens. Es verlangt von uns, auf das neue Jerusalem zuzuleben, die Welt in die Nähe Jesu Christi hineinzutragen und sie dafür zu reinigen; die Nähe Jesu Christi in den Alltag hineinzunehmen und ihn auf solche Weise zu verwandeln. Ehrfurcht ist nicht überflüssiger geworden, sondern anspruchsvoller. Und weil der Mensch aus Leib und Seele besteht und dazu ein Wesen der Gemeinschaft ist, deshalb brauchen wir auch weiterhin den sichtbaren Ausdruck der Ehrfurcht, die Spielregeln ihrer gemeinsamen Gestalt, ihrer sichtbaren Zeichen in dieser unheilen und unheiligen Welt. Der Mensch wird nicht nur von innen nach außen geformt, auch von außen nach innen verläuft eine Kraftlinie, die zu leugnen oder zu übersehen ein Spiritualismus ist, der sich immer sehr schnell rächt. Das Heilige, der Heilige ist da in dieser Welt, und wenn die erzieherische Kraft seiner sichtbaren Aussage verschwindet, führt auch dies zur Verflachung und zur Barbarisierung der Menschen und der Welt.

In seinem Brief an die Priester hat der Heilige Vater an ein besonders ergreifendes Zeichen der Ehrfurcht in der römischen Liturgie erinnert: Die Hände des Priesters werden gesalbt. Vielleicht in keinem Organ drückt sich so sehr das Besondere des Menschen in der Welt aus wie an der Hand: Vom Boden gelöst zeigt sie das Aufrechte seines Wesens an. Mit der Hand geben und nehmen wir, mit unseren Händen heilen und schlagen wir. Durch alle Völker hindurch erheben Menschen ihre Hände, wenn sie sich betend an den wenden, der über ihnen ist. Unsere Hände sind gesalbt. Sie sind gebunden für den Herrn. Wir dürfen ihn berühren. Welch heilige Verpflichtung für unser ganzes Wesen und Wollen, welche Veränderung könnte und müßte es sein, wenn wir von diesen Zeichen her Tag um Tag uns gefordert und gerichtet wüßten. Bitten wir den Herrn, daß dieses Zeichen der gesalbten Hände sich immer mehr bewahrheitet in unserem Leben, daß unsere Hände immer mehr Werkzeug des Segens werden, daß wir durch sein Erbarmen selbst ein Segen werden und so Segen empfangen.

Der Herr ist uns nahe in unserem Gewissen, in seinem Wort, in seiner persönlichen Gegenwart, in der Eucharistie

*Homilie über Dtn 4,7**

In der Lesung des heutigen Tages steht ein wundervolles Wort, in dem die ganze Freude Israels über seine Erlösung spürbar wird:

Wo wäre noch irgend ein großes Volk,
dessen Götter ihm so nahe sind
wie der Herr, unser Gott, uns nahe ist,
so oft wir zu ihm rufen?
(Dtn 4,7)

Der heilige Thomas von Aquin hat dieses Wort in die Betrachtungen zum Fronleichnamsfest aufgenommen.[1] Er hat damit gezeigt, daß wir Christen in der Kirche des Neuen Bundes es mit noch viel mehr Grund und Freude und zum Dank aussprechen können als Israel; er hat damit gezeigt, daß der Sinn dieses Wortes in der Kirche Jesu Christi eine vorher noch gar nicht zu ahnende Vertiefung erfahren hat: Gott ist wirklich in der Eucharistie zu unserem Mitwohner geworden. Er ist Fleisch geworden, um Brot werden zu können. Er hat sich in die

* Predigt des Erzbischofs von München und Freising, Joseph Cardinal Ratzinger, in seiner Titelkirche Santa Maria Consolatrice in Rom am 2.9.1979.

1 Thomas von Aquin, Officium de festo Corporis Christi (S. Thomae Aquinatis Opera Omnia, ed. R. Busa S.I., Stuttgart/Bad Canstatt 1980, Bd VI 581 = 112 DSG ps. 3 n. 3; ps. 5 n. 3).

„Frucht der Erde und der Arbeit unserer Hände“ hineingegeben; er legt sich so selbst in unsere Hände und in unser Herz hinein. Gott ist nicht der große Unbekannte, den wir nur dunkel ahnen können. Wir brauchen nicht, wie die Heiden, zu fürchten, daß er vielleicht launisch und grausam sei oder zu fern und zu groß, um den Menschen zu hören. Er ist da und wir wissen immer, wo wir ihn finden können, wo er sich finden läßt und uns erwartet. Dies soll uns heute wieder in die Seele dringen: Gott ist nahe. Gott kennt uns. Gott wartet auf uns in Jesus Christus im heiligen Sakrament. Lassen wir ihn nicht vergeblich warten! Gehen wir nicht aus Zerstreuung und Trägheit an dem Wichtigsten und Größten vorbei, das unserem Leben angeboten ist. Wir sollten uns durch diese heutige Lesung wieder an das wunderbare Geheimnis erinnern lassen, das die Mauern unserer Gotteshäuser bergen. Gehen wir nicht achtlos daran vorüber. Nehmen wir uns auch während der Woche Zeit, im Vorbeigehen einzutreten und einen Augenblick vor dem Herrn zu verweilen, der so nahe ist. Unsere Kirchen dürfen nicht während des Tages tote Häuser sein, die leer und scheinbar zwecklos dastehen. Immer geht von ihnen die Einladung Jesu Christi aus. Immer lebt in ihnen diese heilige Nachbarschaft zu uns. Immer ruft sie uns und lädt sie uns ein. Dies ist ja das Schöne an den katholischen Gotteshäusern, daß in ihnen gleichsam immer Liturgie ist, weil immer die eucharistische Gegenwart des Herrn in ihnen verweilt.

Und ein zweites: Vergessen wir nie, daß der Sonntag der Tag des Herrn ist. Es ist nicht Willkür der Kirche, daß sie den sonntäglichen Meßbesuch von uns verlangt. Dies ist nicht eine äußerlich auferlegte Pflicht, es ist das königliche Recht des Christen, an der österlichen Gemeinschaft mit dem Herrn, am österlichen Mysterium teilzuhaben. Der Herr hat den ersten Tag der Woche zu seinem Tag gemacht, an dem er auf uns zugeht, an dem er den Tisch für uns deckt und uns zu sich lädt. Aus dem Satz des Alten Testaments, mit dem wir uns beschäftigen, sehen wir, daß die Israeliten in der Nähe Gottes nicht eine Last, sondern den Grund ihres Stolzes und ihrer Freude fanden. In der Tat ist die sonntägliche Gemeinschaft mit dem Herrn nicht Last, sondern Gnade, Geschenk, das die ganze Woche erleuchtet und wir betrügen uns selbst, wenn wir uns ihr entziehen.

„Wo wäre noch irgend ein großes Volk, dessen Götter ihm so nahe sind wie der Herr, unser Gott uns nahe ist, so oft wir ihn rufen?" Dieser Satz aus dem Alten Bund hat in der eucharistischen Nähe des Herrn seine letzte Tiefe gefunden. Aber damit ist seine vorherige Bedeutung nicht aufgehoben, sondern nur gereinigt und erweitert. Ihr müssen wir nun noch nachgehen, um zu verstehen, was der Herr uns damit sagen will. In dem Kapitel aus dem Buch Deuteronomium, dem diese Stelle entnommen ist, wird die wunderbare Nähe Gottes vor allen Dingen in dem Gesetz gesehen, das er durch Mose Israel gegeben hat. Durch das Gesetz stellt er sich gleichsam ständig allen Fragen seines Volkes. Durch das Gesetz ist er immer für Israel zu sprechen; es kann ihn rufen und er gibt Antwort. Durch das Gesetz gibt er Israel die Möglichkeit, eine soziale und politische Ordnung aufzubauen, die wegweisend ist. Durch das Gesetz macht er Israel weise und zeigt ihm, in welcher Richtung man leben muß, um recht zu leben. Im Gesetz erfährt Israel die Nähe Gottes; er hat gleichsam den Schleier der Rätsel vom Menschenleben weggezogen und die dunklen Fragen der Menschen aller Zeiten beantwortet: Woher kommen wir? Wohin gehen wir? Was müssen wir tun?

Diese Freude am Gesetz verwundert uns. Wir haben uns gewöhnt, es als eine Last anzusehen, die den Menschen drückt. Israel hat in seinen besten Zeiten im Gesetz gerade die Befreiung zur Wahrheit gesehen; die Befreiung von der Last der Ungewißheit, die Gnade des Weges. Und in der Tat wissen wir heute, daß der Mensch zugrunde geht, wenn er fortwährend erst sich selbst erfinden muß, wenn er das Menschsein erst neu erschaffen muß. Der Wille Gottes ist für den Menschen nicht eine fremde, von außen kommende Gewalt, sondern die Richtung seines eigenen Wesens. Darum ist die Offenbarung des Willens Gottes die Offenbarung dessen, was unser eigenes Wesen will – eine Gnade. So sollen wir wieder lernen, dankbar zu sein dafür, daß uns im Wort Gottes der Wille Gottes und der Sinn unseres eigenen Wesens kundgetan ist. Die Gegenwart Gottes im Wort und die Gegenwart in der Eucharistie gehören untrennbar zusammen. Der eucharistische Herr ist ja selbst das lebendige Wort. Nur wenn wir im Raum des Wortes Gottes leben, können wir auch die Gabe der Eucharistie recht begreifen und recht empfangen.

Das Evangelium des heutigen Tages[2] macht uns noch auf einen dritten Gesichtspunkt aufmerksam. Das Gesetz wurde in dem Augenblick zur Last, in dem es nicht mehr von innen her gelebt, sondern in eine Reihe von äußeren und äußerlichen Verpflichtungen zerlegt wurde. So sagt uns der Herr mit Nachdruck dies: Das wahre Gesetz Gottes ist nicht etwas Äußerliches. Es wohnt in uns selbst. Es ist die innere Richtung unseres Lebens, das ja vom Willen Gottes geschaffen und gegründet ist. Es spricht zu uns im Gewissen. Das Gewissen ist die innere Nähe des Herrn, die uns für die eucharistische Nähe überhaupt empfänglich macht. Darum sagt auch das gleiche Buch Deuteronomium, dem unsere heutige Lesung entnommen ist, an anderer Stelle: „Ganz nahe bei dir ist das Wort, in deinem Mund und deinem Herzen, daß du darnach handeln kannst!" (30,14 vgl. Röm 10,8). Der Glaube

2 22. Sonntag im Jahreskreis, Lesejahr B: Mk 7,1–8.14–15.21–23.

an Christus bringt nur das Innerste unseres Wesens, das Gewissen, wieder zum Sprechen. Der Heilige Vater Johannes Paul II. sagt dazu: „Im Gehorsam des Menschen gegenüber seinem Gewissen liegen der Schlüssel zur sittlichen Größe des Menschen und die Grundlage seiner ‚königlichen Würde' ... Der Gehorsam gegenüber dem Gewissen ist ... Teilhabe des Christen am ‚königlichen Amt Christi'. Der Gehorsam gegenüber dem Gewissen ... bewirkt, daß ‚Christus ... dienen' eigentlich ‚herrschen' bedeutet ..."[3]

Der Herr ist uns nahe in unserem Gewissen, in seinem Wort, in seiner persönlichen Gegenwart in der Eucharistie: Dies ist Würde und Freude der Christen. Darüber wollen wir froh sein und diese Freude drückt sich aus im Lob Gottes. Heute sehen wir, daß die Nähe des Herrn auch die Menschen zueinander führt und einander nahebringt: Weil wir in München und in Rom den gleichen Herrn Jesus Christus haben, deswegen sind wir über die Grenzen hin ein einziges Volk Gottes, geeint im Ruf des Gewissens, geeint im Wort Gottes, geeint durch die Kommunion mit Jesus Christus, geeint im Lob Gottes, der unsere Freude und unsere Erlösung ist.

3 Johannes Paul II., Zeichen des Widerspruchs. Besinnung auf Christus (Zürich u.a. 1979) S. 162 f.

Stehen vor dem Herrn – Gehen mit dem Herrn – Knien vor dem Herrn

*Zur Feier des Fronleichnamsfestes**

Wenn wir verstehen wollen, was Fronleichnam bedeutet, dann empfiehlt es sich, ganz schlicht auf die liturgische Gestalt hinzuschauen, in der die Kirche den Sinn dieses Festes feiernd auslegt und begeht. Über das Gemeinsame aller christlichen Feste hinaus sind es vor allen Dingen drei Bauelemente, die das Besondere der festlichen Gestalt dieses Tages ausmachen.

Da ist zunächst das, was wir soeben tun, die gemeinsame Versammlung um den Herrn, das **Stehen vor dem Herrn**, zum Herrn und so das Stehen beieinander. Und da ist dann als weiteres das **Gehen mit dem Herrn**, die Prozession und schließlich das in alledem Gemeinte, die Mitte und der Höhepunkt davon: das **Knien vor dem Herrn**, die Anbetung, die Verherrlichung und die Freude über seine Nähe. Stehen vor dem Herrn, Gehen mit dem Herrn und Knien vor dem Herrn, dies also sind die drei Bauelemente dieses Tages, die wir nun ein wenig bedenken wollen.

Ein Leib

Stehen vor dem Herrn: In der alten Kirche gab es dafür den Ausdruck Statio. Und indem ich ihn nenne, berüh-

* Predigt zum Fronleichnamsfest am 25. 5. 1978 Auf dem Marienplatz; veröffentlicht in: OK 03 – 14/1978 vom 1. 6. 1978 Nr. 19, S. 1–4.

ren wir zugleich die älteste Wurzel dessen, was an Fronleichnam geschieht und was Fronleichnam meint. Als das Christentum sich über die Welt hin ausbreitete, legten seine Boten von Anfang an größten Wert darauf, daß es in jeder Stadt nur einen Bischof, nur einen Altar gab. Darin sollte sich die Einheit des einen Herrn ausdrücken der in der Umarmung vom Kreuz her uns zusammenschließt der über die Grenzen hinweg, die das irdische Leben zieht, uns zu einem Leib macht. Und dies ist ja der innerste Sinn der Eucharistie, daß wir, indem wir das *eine* Brot empfangen, selbst in diese *eine* Mitte hineintreten und so ein lebendiger Organismus, der *eine* Leib des Herrn werden.

Eucharistie ist nicht eine Privatsache im Freundeskreis in einem Club von Gleichgesinnten, in dem man sich gegenseitig heraussucht und so unter denen, die schon zusammenpassen, zueinanderkommt; sondern so wie der Herr öffentlich vor den Mauern der Stadt, vor dem Angesicht der Welt sich kreuzigen ließ und seine Hände ausstreckt auf alle hin, so ist Eucharistiefeier der öffentliche Gottesdienst aller, die der Herr ruft, ungeachtet ihrer Zusammensetzung. Zu ihm gehört gerade dies, was er in seinem irdischen Leben schon vorgelebt hat, daß Menschen der verschiedenen Parteiungen, der verschiedenen Stände und Anschauungen zusammengeführt werden in dem Größeren seines Wortes und seiner Liebe. Zur Eucharistie gehörte es also in der mittelmeerischen Welt, in die das Christentum zunächst eintrat, daß da nebeneinandersitzen der Aristokrat, der zum Christentum gefunden hat, und der korinthische Hafenarbeiter, der armselige Sklave, der nach dem römischen Recht nicht einmal als Mensch anzusehen ist, sondern unter das Sachenrecht fällt. Zu ihm gehört es, daß der Philosoph neben dem Analphabeten sitzt, die bekehrte Dirne und der bekehrte Zöllner neben dem Asketen, der seinen Weg zu Jesus Christus gefunden hat. Und wir können ja aus den Texten des Neuen Testamentes noch heraussehen, wie immer wieder sich die Menschen dagegen sträubten, sich in ihren Kreis verschließen wollten, und doch gerade dies Sinn der Eucharistie blieb: zu versammeln, die Grenzen zu überschreiten und die Menschen vom Herrn her in eine neue Einheit zu führen.

Als das Christentum an Zahl zunahm, war diese äußere Form in den Städten nicht mehr durchzuhalten Schon in der Verfolgungszeit bildeten sich etwa in Rom die Titelkirchen als Vorläufer der späteren Pfarreien heraus. Gewiß blieben auch hier die Öffentlichkeit und Unbeliebigkeit des Gottesdienstes der Menschen vereint, die sonst nicht zueinandertreten würden. Aber das Öffnende über einen Raum hin war nicht mehr genügend sichtbar. So schuf man deshalb die Einrichtung der Statio. Das heißt, der Papst als der eine Bischof von Rom zelebriert besonders im Laufe der Fastenzeit quer durch die einzelnen Titelkirchen den Gottesdienst für ganz Rom. Die Christen versammeln sich, ziehen gemeinsam zur Kirche, und so wird in den Einzelkirchen das Ganze sichtbar und das Ganze reicht ins Einzelne hinein. Diesen Urgedanken nimmt Fronleichnam auf. Es ist statio urbis: Wir öffnen die Pfarrkirchen, wir öffnen uns den verschiedenen Ecken und Enden dieser Stadt, um versammelt zu werden beim Herrn, um von ihm her eins zu sein. Wir sind beieinander auch hier über die Grenzen von Parteien und Ständen hinweg, Regierende und Regierte, Männer des handwerklichen Tuns und der geistigen Bemühung, Menschen dieser und jener Richtung. Und gerade dies ist wesentlich, daß wir hier vom Herrn her versammelt sind, daß er uns zueinanderführt. Es sollte der Appell von dieser Stunde ausgehen, daß wir uns auch von innen her annehmen, öffnen, daß wir aufeinander zugehen, daß wir auch in der Verstreuung des Alltags doch dieses innere Versammeltsein durch den Herrn behalten.

Unsere Städte sind, wir wissen es alle, zu Orten einer früher nie gekannten Einsamkeit geworden. Und nirgends sind Menschen so allein und so verlassen als etwa in großen Blöcken, dort wo sie am meisten zusammengedrängt sind. Ein Freund hat mir erzählt, wie er, in einer Großstadt im Norden eingezogen, aus einem Block herausgehend einen Mitbewohner des Blockes grüßt, der ihn nur erstaunt anschaut und zu ihm sagt: „Sie irren sich!" Wo die Menschen nur Masse sind, wird Gruß zum Irrtum. Der Herr aber versammelt uns und öffnet uns, daß wir einander annehmen, einander zugehören, daß wir im Stehen zu ihm auch wieder zueinanderstehen lernen. Gerade auch der Marienplatz erfährt auf solche Weise seine innerste Bestimmung. Wie oft hasten wir hier aneinander vorbei. Heute soll er Ort des Miteinander sein, das als Auftrag und als Geschenk mit uns weitergeht. Gewiß gibt es viele Versammlungen, aber so oft verbindet doch mehr das, wogegen man steht als das, wofür man steht. Und fast immer ist es so, daß ein Interesse zusammenführt, das gegen andere Interessen gerichtet ist. Heute aber verbindet uns nicht ein Privatinteresse dieser oder jener Gruppe, sondern das Interesse, das Gott an uns nimmt und in das wir gelassen all unsere Interessen hineinlegen. Wir stehen zum Herrn. Und je mehr wir zum Herrn und vor dem Herrn stehen, desto mehr stehen wir miteinander, bildet sich auch wieder die Kraft aus, einander zu verstehen, einander als Menschen und Brüder und Schwestern anzuerkennen und so im Miteinander Menschlichkeit und Leben zu gründen und zu ermöglichen.

Das gemeinsame Stehen beim Herrn und mit dem Herrn hat von Anfang an als seine innere Voraussetzung auch das **Gehen zum Herrn** hervorgebracht. Denn an sich ist man ja nicht beieinander. Deswegen konnte die Statio nur dadurch sein, daß man sich vorher sammelte und in der processio zueinander ging. Dies ist der zweite Anruf von Fronleichnam. Wir können nur zueinander stehen, wenn wir zunächst unter dem Geleit des Herrn zueinander gehen. Wir können zum Herrn nur kommen in diesem procedere, in diesem Herausgehen und Vorangehen, in dem wir unsere eigenen Vorurteile, unsere Grenzen und Absperrungen überschreiten, vorausgehen, zugehen auf ihn und dorthin gehen, wo wir einander treffen können. Auch dies gilt im kirchlichen wie im weltlichen Bereich. Wir kennen ja heute auch in der Kirche – Gott sei es geklagt – die Zerrissenheit, das Gegeneinander, das Mißtrauen. Processio, procedere soll wieder eine Herausforderung an uns sein, daß wir vorgehen, vorangehen auf ihn zu und daß wir uns gemeinsam unter sein Maß stellen und im gemeinsamen Glauben an den Menschgewordenen, der als Brot sich uns schenkt, auch einander wieder trauen, einander öffnen und miteinander von ihm uns führen lassen.

Die Prozession, die zum Stationsgottesdienst schon im alten Rom gehörte, hat freilich an Fronleichnam eine neue Dimension, eine neue Tiefe bekommen. Denn die Fronleichnamsprozession ist ja nun nicht mehr bloß Gehen zum Herrn, zur eucharistischen Feier, sie ist Gehen mit dem Herrn, sie ist selbst ein Teil eucharistischen Feierns, eine Dimension des eucharistischen Geschehens. Der Herr, der unser Brot geworden ist, ist gerade so Wegweisung, ist gerade auch so unser Weg, der uns führt. Die Kirche hat auf diese Weise die Exodus-Geschichte, die Wüstenwanderung Israels, von der wir vorhin in der Lesung hörten, neu ausgelegt. Israel zieht durch die Wüste. Und es kann im Weglosen Weg finden, weil der Herr als Wolke und als Licht es führt. Es kann im Weglosen und Leblosen leben, weil der Mensch nicht bloß vom Brot lebt, sondern von jedem Wort, das aus Gottes Munde kommt. Und so ist in dieser Wüstengeschichte Israels das Tiefste aller menschlichen Geschichte aufgedeckt. Dieses Israel hat ein Land finden und hat nach dem Verlust des Landes weiterbestehen können, weil es nicht nur vom Brot lebte, sondern in dem Wort die Kraft eines Lebens fand, das durch alle Weglosigkeiten und Heimatlosigkeiten der Jahrhunderte hindurch trägt. Und so ist es bleibend ein aufgerichtetes Zeichen für uns alle. Der Mensch findet nur Weg, wenn er sich von dem führen läßt, der Wort und Brot in einem ist. Nur im Gehen mit dem Herrn können wir die Wanderschaft unserer Geschichte bestehen. So legt Fronleichnam aus, was unser ganzes Leben, was die ganze Geschichte dieser Welt ist: Wanderschaft nach dem Gelobten Land hin, die nur ihre Richtung behalten kann, wenn sie ein Gehen mit dem ist, der als Brot und Wort in unsere Mitte trat. Wir wissen ja heute mehr als frühere Zeiten, daß in der Tat das ganze Leben dieser Welt und die Geschichte der Menschheit Bewegung ist, unablässiges Sich-Wandeln und Weiterschreiten. Das Wort Fortschritt hat einen fast magischen Klang erhalten. Aber wir wissen inzwischen auch, daß ja Fortschritt nur ein sinnvoller Begriff sein kann, wenn wir wissen, wohin wir gehen wollen. Die bloße Bewegung allein ist ja kein Fortschritt. Sie kann ja auch eine rasche Fahrt in den Abgrund hinein darstellen. So muß, wenn Fortschritt sein soll, gefragt werden, welches sein Maß und welches sein Ziel ist, jedenfalls gewiß nicht das bloße Mehr an materiellen Produkten. Fronleichnam legt die Geschichte aus. Es gibt unserer Wanderschaft durch die Welt das Maß in Jesus Christus dem Menschgewordenen, dem Eucharistischen, der uns den Weg zeigt. Gewiß sind damit nicht alle Probleme gelöst. Das ist ja auch nicht der Sinn von Gottes Tun. Dazu gibt er uns unsere Freiheit und unsere Kräfte, daß wir uns anstrengen, finden und ringen. Aber der Grundmaßstab ist gesetzt. Und wo wir in ihm Maß und Ziel unserer Wege finden, da ist Abmessung gegeben, die Weg und Unweg zu scheiden möglich macht: Gehen mit dem Herrn als Zeichen und als Auftrag dieses Tages.

Und da ist endlich das **Knien vor dem Herrn**: die Anbetung. Weil er selbst in der Eucharistie gegenwärtig ist, deswegen war immer Anbetung in ihr von Wesen gegeben. Auch wenn es in dieser großen festlichen Formel erst im Mittelalter entfaltet wurde, ist doch dies keine Veränderung und kein Abfall, kein Anderes, sondern nur das volle Heraustreten dessen, was da ist. Denn wenn der Herr sich uns gibt, kann ihn empfangen nur zugleich sein: sich vor ihm beugen, ihn verherrlichen, ihn anbeten. Und auch heute steht es nicht gegen die Würde und Freiheit und Größe des Menschen, das Knie zu beugen, Gehorsam vor ihm zu haben, ihn anzubeten und zu verherrlichen. Denn wenn wir ihn leugnen, um nicht anbeten zu müssen, dann bleibt ja nur die ewige Notwendigkeit der Materie übrig. Dann sind wir wirklich unfrei, nur irgendein Staubkorn, das in der großen Mühle des Weltalls herumgeschleudert wird und sich vergeblich Freiheit einzureden versucht. Nur wenn er der Schöpfer ist, ist der Grund aller Dinge Freiheit und können wir frei sein. Und indem sich unsere Freiheit vor ihm beugt, wird sie nicht aufgehoben, sondern erst wahrhaft angenommen und endgültiggemacht. Aber an diesem Tag kommt noch eines dazu. Der, den wir anbeten – ich sagte es schon – ist nicht eine ferne Macht. Er hat sich selbst vor uns hingekniet, um unsere Füße zu waschen. Und das gibt unserer Anbetung das Gelöste, das Hoffende und das Frohe, weil wir uns vor dem beugen, der sich selbst gebeugt hat, weil wir uns in die Liebe hineinbeugen, die nicht versklavt, sondern verwandelt. So wollen wir den Herrn bitten, daß er solche Erkenntnis und solche Freude uns schenken möge und daß sie von diesem Tag weit hinausstrahlen möge in unser Land und in unseren Alltag.

Ein Brot, ein Leib sind wir, die Vielen (1 Kor 10,17)

*Eucharistie und Kirche**

Die Erklärung dessen, was Eucharistie ist, faßt Augustinus in einer Predigt für die in der Osternacht Neugetauften[1] in folgenden Worten knapp zusammen: „Es muß euch klar gemacht werden, was das ist, das ihr empfangen habt. Hört also kurz, was der Apostel oder vielmehr Christus durch den Apostel über das Sakrament des Herrenleibes sagt. ‚Ein Brot, ein Leib sind wir, die Vielen.' (1 Kor 10,17) Siehe: das ist das Ganze; rasch habe ich es euch gesagt; aber wäget die Worte, zählt sie nicht!"

In diesem einen Satz des Apostels ist nach seiner Ansicht das ganze Mysterium dessen, was sie empfangen. Es ist nicht viel an Worten, aber schwer im Gewicht. Hier wird ersichtlich, wo der Schwerpunkt der Eucharistielehre liegt: Die Eucharistie ist der Vorgang, durch den Christus sich seinen Leib auferbaut und uns selber zu einem einzigen Brote, zu einem einzigen Leibe macht. Der Inhalt, das Geschehen der Eucharistie ist Vereinigung der Christen aus ihrer Getrenntheit in die Einheit des einen Brotes und des einen Leibes. Eucharistie ist also vollkommen dynamisch-ekklesiologisch verstanden. Sie

* Der erste Abschnitt ist entnommen der als Manuskript vervielfältigten Nachschrift der Vorlesung: Die Lehre von der Eucharistie (SS 1963), S.74 ff.
Der zweite Abschnitt ist ein Auszug aus dem ersten Hirtenbrief als Erzbischof von München und Freising vom 19. 6. 1977, veröffentlicht in OK 03 – 8/77.

1 Tractatus de dominica sanctae Paschae (E. D. G. Morin, Miscellanea Agostiniana, vol. I, Rom 1930, S. 462–464).

ist das lebendige Geschehen, durch das sich immer wieder die Kirche-Werdung der Kirche zuträgt.

Kirche ist Eucharistiegemeinschaft. Sie ist nicht einfach ein Volk: Aus vielen Völkern, in denen sie besteht, wird *ein* Volk durch den *einen* Tisch, den der Herr uns allen gedeckt hat. Die Kirche ist sozusagen ein Netz von Eucharistiegemeinschaften und sie wird immer wieder vereint durch den *einen* Leib, den wir alle empfangen.

Friede vom Herrn her

*Friede als einer der Namen des eucharistischen Sakraments**

Gnade und Friede von Gott, unserem Vater, und von Christus. Dies ist Auftrag des Priesters und Bischofs: immer wieder Gnade und Friede des Herrn in diese Zeit hineinzurufen. Es ist zunächst ein ganz menschlicher Anruf, daß wir untereinander Menschen der Gnade und des Friedens seien, Menschen, die nicht ewig aufrechnen müssen, die einmal einen Schlußstrich ziehen können, die nicht nach unbeglichenen Rechnungen schauen, die nicht das Gift des Ressentiments in sich wuchern lassen, sondern das Darüberhinweggehen, den neuen Beginn kennen. Das griechische Wort Gnade „Charis" kommt von dem Wort Freude her und heißt zugleich Frohsein, Freude und auch Schönheit, Wohlgefallen, Sympathie. Wo es dieses gibt: einmal beiseite lassen, was wir vielleicht noch verlangen könnten; neu anfangen; Großzügigkeit des Herzens, die nicht doch etwas irgendwo in einem Winkel des Gedächtnisses für spätere Zeiten verwahrt – da wächst Freude, da entsteht Schönheit, da leuchtet das Gute in die Welt herein, und es wird Friede. Freilich, dies unser menschliches Wollen und Tun reicht nie letztlich aus. Und der Priester ist auch nie nur ein Moralprediger. Er verkündet, was wir Menschen nicht geben können: die neue Wirklichkeit, die von Gott in Christus auf uns zukommt und die mehr ist als Wort und

* Auszug aus der Predigt vom 3. 12. 78 im Münchener Liebfrauendom aus Anlaß des 70. Geburtstages von Ernst Tewes.

als Vorsatz. Hinter der Bezeichnung *Friede* hat die alte Kirche das Geheimnis der Eucharistie vernommen. Friede ist sehr bald einer der Namen des eucharistischen Sakraments geworden, denn darin geschieht es ja, daß Gott uns entgegengeht, daß er uns freimacht, daß er, obwohl wir schuldig sind vor ihm, uns in seine Arme schließt, sich uns schenkt. Und indem er uns in die Kommunion seines Leibes zu sich führt, uns in denselben Raum seiner Liebe hineinführt, mit demselben Brot uns nährt, gibt er uns untereinander auch als Geschwister. Eucharistie ist Friede vom Herrn her.

Der christliche Glaube als Friedensbewegung*

Zu Beginn der christlichen Geschichte waren die Gläubigen eine politisch bedeutungslose Randgruppe. Sie konnten nicht selbst aktiv an der Gestaltung der öffentlichen Dinge mitwirken. Dennoch war der Friede Christi für sie nichts bloß Innerliches und nichts bloß Zukünftiges. Das erste Wort des Auferstandenen an seine verwirrten Jünger hatte gelautet: Friede sei mit euch (Joh 20,19). In jeder eucharistischen Versammlung wiederholte sich für sie das Ereignis des Osterabends. Der Auferstandene trat unter seine Jünger herein und sprach zu ihnen: Der Friede sei mit euch. In dieser ihrer Osterfeier, in der die Kirche eigentlich lebte, erfuhren sie, daß das Wort des Apostels wahr ist: Christus ist unser Friede (Eph 2,14). Hier begegneten sie dem neuen Friedensraum, den der Glaube eröffnet hatte – der Versöhnung von Sklaven und Freien, von Griechen und Barbaren, von Juden und Heiden (vgl. Gal 3,28). Hier waren sie, die in der dama-

* Auszug aus der Silvesterpredigt 1981.

ligen Gesellschaft tief voneinander Getrennten eins, ja ein Einziger – der neue Mensch Jesus Christus, der sie vom Vater her alle miteinander verband (vgl. Gal 3,17.28). Deshalb wurde die Eucharistiefeier selbst vielfach einfach als „Friede" benannt: Sie war ja Gegenwart Christi und damit Raum eines neuen Friedens, Raum einer die Grenzen überschreitenden Gastfreundschaft, in der jeder überall zu Hause war. Die Bischöfe des Erdenrunds zeigten einander durch Friedensbriefe ihre Wahl an. Wer mit einem Friedensbrief irgendwo zu Christen kam, war überall in seiner Familie, Bruder unter Brüdern. Gerade mit dem Innersten ihres Glaubens, mit der eucharistischen Versammlung, haben so die frühen Christen etwas auch politisch ganz Bedeutendes getan: sie haben Räume des Friedens geschaffen, gleichsam Straßen des Friedens durch eine Welt des Unfriedens gebaut.[1]

1 Vgl. dazu H. de Lubac, Quellen christlicher Einheit (Einsiedeln 1974); L. Bouyer, Die Kirche I (Einsiedeln 1977) 19–37; L. Hertling, Communio und Primat, in: Una Sancta 17 (1962) 91–125.

Kirche aller Orten und Zeiten

*Feier in Gemeinschaft mit dem Papst**

Im Grundgebet der Kirche, der Eucharistie, drückt sich die Mitte ihres Lebens nicht nur aus, sondern vollzieht sich Tag um Tag. In der Eucharistie geht es zutiefst allein um Christus. Er betet für uns, er legt uns sein Gebet auf die Lippen, denn nur er kann sagen: Dies ist mein Leib – dies ist mein Blut. Er zieht uns so hinein in sein Leben, in den Akt der ewigen Liebe, in dem er sich dem Vater übergibt, so daß wir mit ihm dem Vater übereignet und dadurch nun gerade mit Jesus Christus selbst beschenkt werden. So ist Eucharistie **Opfer**: Übergabe an Gott in Jesus Christus und darin zugleich beschenkt werden mit der Gabe seiner Liebe, Christus ist der Geber und die Gabe zugleich: Durch Ihn und mit Ihm und in Ihm feiern wir die Eucharistie. In ihr ist ständig gegenwärtig und wahr, was die Epistel heute sagt: Christus ist das Haupt der Kirche, die er sich immerfort durch sein Blut erwirbt. Gleichzeitig sagen wir in jeder Eucharistiefeier, uralter Überlieferung folgend: Wir feiern sie zusammen mit unserem Papst ... Christus gibt sich in der Eucharistie und er ist an jedem Orte ganz, daher ist überall, wo Eucharistie gefeiert wird, das ganze Geheimnis der Kirche anwesend. Aber Christus ist auch an allen Orten nur ein Einziger und deswegen kann man ihn nicht gegen die Anderen, nicht ohne die Anderen empfangen. Gerade weil in der Eucharistie sich der ganze, der unge-

* Predigt zum Papstsonntag am 10.7.1977 in der St. Michaels-Kirche in München, veröffentlicht in: OK 03 –10/77.

teilte und unteilbare Christus gibt, gerade darum kann Eucharistie nur recht sein, wenn sie mit der ganzen Kirche gefeiert wird. Ihn haben wir nur, wenn wir ihn mit den Anderen haben. Weil es in der Eucharistie nur um Christus geht, eben darum ist sie Sakrament der Kirche. Und aus dem gleichen Grund kann sie nur in der Einheit mit der ganzen Kirche und mit ihrer Vollmacht begangen werden. Deswegen gehört der Papst ins eucharistische Gebet, in die eucharistische Feier hinein. Die Gemeinschaft mit ihm ist die Gemeinschaft mit dem Ganzen, ohne die es die Gemeinschaft mit Christus nicht gibt. Zum christlichen Gebet und zum christlichen Glaubensakt gehört das Hineinglauben ins Ganze, das Übersteigen der Grenzen des Eigenen. Liturgie ist nicht die Veranstaltung eines Klubs, eines Kreises von Freunden; wir empfangen sie vom Ganzen und wir haben sie vom Ganzen her aufs Ganze hin zu feiern. Nur dann ist unser Glauben und unser Beten recht, wenn es fortwährend in diesem Akt der Selbstübersteigung, der Selbstenteignung lebt, der auf die Kirche aller Orte und aller Zeiten zugeht: Dies ist das Wesen des Katholischen. Darum geht es, wenn wir über die Zone des Eigenen hinaus uns dem Papst verbinden und so in die Kirche aller Völker hineintreten.

Kirche besteht als Liturgie und in Liturgie

*Homilie zu Apg 2,42**

Herr, unser Gott,
du hast uns durch das heilige Sakrament gestärkt.
Gib, daß wir im Brotbrechen und in der Lehre der Apostel verharren und in deiner Liebe ein Herz und eine Seele werden.
Darum bitten wir durch Christus, unseren Herrn.
(Schlußgebet aus der Liturgie vom Hochfest der heiligen Apostel Petrus und Paulus)

Das Schlußgebet der heutigen Liturgie nimmt das Bild auf, das Lukas in der Apostelgeschichte von der werdenden Kirche zeichnet und wendet es ins Gebet. Es bittet darum, daß die Kirche heute und immer wieder von neuem so werde, wie sie damals begonnen hat. Damit entspricht es dem ursprünglichen Wollen dieses Textes, der ein Maßbild der Kirche für alle Zeiten zeichnen und zugleich sagen wollte, daß Kirche immer neu aus dem Gebet entsteht, immer neu vom Herrn erbetet werden will.

Was wird nun dort über die Kirche gesagt? Es heißt: „Sie verharrten in der Lehre der Apostel und in der Gemeinschaft, im Brotbrechen und in den Gebeten" (Apg 2,42). Darin kann man eine Nachzeichnung der Grundgestalt des urchristlichen Gottesdienstes sehen,

* Predigt des Erzbischofs von München und Freising, Joseph Cardinal Ratzinger, bei der Priesterweihe im Freisinger Mariendom am 28. 6. 1980; veröffentlicht in: OK 03 – 10/80, vom 2. 7. 1980, Nr. 26.

der mit der Lehre der Apostel beginnt, das heißt mit Verkünden und Hören des Glaubens der Kirche, des Wortes Gottes, das in ihr lebt und von da her liturgische und lebendige Gemeinschaft gründet: Er findet seinen Höhepunkt in der eucharistischen Begegnung mit dem Herrn, der sich uns zum Brot gibt, und er klingt aus in Lobgesang. Kirche ist Anbetung. Kirche besteht als **Liturgie** und in Liturgie, sagt uns damit der Text. Sie ist der lebendige Tempel, der schon in dem vom Untergang geweihten steinernen Tempel Jerusalems, auf dem Grundstein Christus heranwächst.

Dennoch liegt darin keinerlei ästhetische oder liturgizistische Verklärung und Verengung des Zustandes und des Wesens von Kirche. Denn die Gestalt des christlichen Gottesdienstes ist zugleich **Abbildung für den Weg und die Weise menschlichen Lebens**. Menschliches Leben ist zuerst Suche nach **Sinn**, Suche nach einem Wort, das mir einen Weg geben und Richtung schenken kann. Das Leben ist von seinem Sinn her Suche nach **Gemeinschaft**, die trägt, denn der Mensch ist auf das Wir hin geschaffen. Es ist Suche nach Liebe, die teilt, Vertrauen lehrt und verläßlich ist bis ins Letzte des Einanderschenkens hinein. Und es ist so Verlangen danach, daß die Welt durch Liebe in **Lobgesang** verwandelt werde: Das Gebet umfaßt die ganze Welt, und die Welt ist umfaßt im Beten.

Damit ist aber zugleich auch schon deutlich, daß Kirche als Gemeinschaft der Anbetung und des brüderlichen Dienens vom priesterlichen Amt her lebt, wie Cyrill von Jerusalem es sehr schön bemerkt hat, wenn er darauf hinweist, daß sich das Wort „ecclesia", Kirche, in der Bibel zum ersten Mal dort findet, wo Aaron das priesterliche Amt verliehen wird.[1] Priestertum und Kirche werden zugleich geboren und gehören untrennbar zueinan-

1 Cyrill von Jerusalem, Katechesen an die Täuflinge XVIII, 24 (PG 33,1046).

der. Diese Beschreibung der Kirche ist deswegen zugleich auch eine Klärung dessen, was Kern und Sinn des priesterlichen Auftrages sind: *Sie verharrten in der Lehre der Apostel und in der Gemeinschaft, im Brotbrechen und in den Gebeten.*

Wenn wir dieses Wort etwas näher ansehen, zeigen sich darin die beiden Brennpunkte des priesterlichen Auftrags: Dienst am Wort und Dienst am Sakrament – in beiden aber Dienst von Gott her am Menschen und Dienst am Menschen auf Gott hin.

Da ist zuerst der **Dienst am Wort**. Der Priester ist dazu beauftragt, den Menschen immer wieder die Ampel der Frohen Botschaft voranzutragen, damit wahr bleibt, was der Psalm sagt: „Dein Wort ist Licht geworden für meinen Fuß“. Aber nun ist wichtig, zu sehen, wie Lukas hier dieses Wort Gottes benennt, das in der Kirche verkündigt werden muß. Wir würden wahrscheinlich erwarten, daß er vom Evangelium spricht. Aber er tut es hier nicht, vielleicht schon deshalb nicht, weil auch er schon den Mißbrauch dieses Wortes kannte, dem wir heute so oft begegnen. Denn wo man emphatisch das Evangelium gegen die Kirche reklamiert, wird damit Gott für das eigene Ich beschlagnahmt, sein Wort zum Privateigentum und letzten Endes oft zur Abwehr gegen Gottes Willen gemacht. Denn es wird gesagt: Evangelium heißt doch, es muß Frohe Botschaft sein, und folglich darf es nichts enthalten, was für mich unangenehm, unbequem oder gar herausfordernd und schwer ist.

Dabei wird vergessen, daß dieses Wort „Evangelium“ in der antiken Welt die Kaiserbotschaft bedeutete, die eben deswegen gute Botschaft ist, weil sie vom Herrn der Welt kommt, weil das, was vom Herrn der Welt kommt, Heil für die Welt ist. Auf die antiken Kaiser angewandt, war das meistens blanker Zynismus. Aber wenn das auf Jesus Christus übertragen wird, dann gerät dieses Wort in seinen rechten Sinn hinein: Das Evangelium ist imperiale Botschaft, in der der wahre Herr der Welt, der Schöpfer sich zu uns herabbeugt und mit uns spricht. Daß der wirkliche Herr, der Schöpfer, sich wirklich nicht zu groß ist, um sich zu uns zu beugen, allein dies, daß er uns kennt und fähig und willens ist, sich unser anzunehmen, ist Botschaft des Heils, hebt die Isolierung, den Nebel der Fragen, die dunkle Einsamkeit auf und läßt Licht hereindringen. Weil aber dieser Herr der Welt, der ihre Wahrheit ist und Liebe, bis dahin, daß er für die Menschen stirbt, darum ist die Botschaft, die von ihm herkommt, die wahrhaft gute Botschaft, gut auch gerade dann, wenn sie uns aus unserer spießigen Bequemlichkeit, aus unserem Eigenwillen und unseren Selbstbehausungen in unseren Ideen herausreißt, um uns in die zunächst oft schmerzende Größe der Wahrheit und der wirklichen Liebe hineinzuführen.

Lukas aber verwendet hier nicht das Wort Evangelium, sondern er spricht von dem Verharren in der Lehre der Apostel. Der Herr hat das Wort den Aposteln, den Zwölfen, übergeben und so ist sein Wort apostolisches Wort geworden, Wort dieser, die nur als Gemeinschaft, als die Zwölfe, ihren Dienst von ihm haben und dies als Gemeinschaft uns zutragen. Die Apostel stellen einerseits das künftige Volk Gottes, aber zugleich auch dessen künftige Struktur dar. Und so wird uns deutlich gemacht, daß Gottes Wort nie Privateigentum, Privatbesitz von mir selber sein kann, sondern daß es immer lebt im Wir der Kirche, in dem apostolisch gebauten Volke Gottes. Das Wort kommt uns nicht privat hinzu, wir empfangen es durch die lebendige Überlieferung der Kirche, indem wir mit ihr und ihrer lebendigen Gemeinschaft mitglauben und mitleben.

Nur wenn das Wort in der lebendigen Gemeinschaft lebt, ist es vor dem Absinken ins Literarische und bloß Vergangene behütet, nur dann können Treue und Dynamik ineinander sein, nur dann kann es weitergehen, kann es immerfort lebendiges, erlittenes und erfahrenes Wort und zugleich Treue sein gegenüber dem, was wir nicht selber machen können, sondern was uns geschenkt wird. Wort Gottes empfangen wir aus der apostolischen Kirche in ihrem Glauben. Verharren in der Lehre der Apostel, das ist Euer Auftrag, liebe Weihekandidaten: Von der lebendigen Kirche her das Wort lebendig halten und weitertragen. Das kann man nur, wenn man in ihr mitlebt, auf ihre eigentliche Mitte hin lebt, in ihr den Mutterboden seines Lebens findet und von da aus immer wieder es den Menschen zutragen kann.

Ich habe manchmal den Eindruck, heute bestehe die Versuchung, neben oder sogar auch gegen eine Pastoral des Glaubens eine Pastoral der bloß eigenen Klugheit zu stellen, die eigentlich dem Glauben nicht mehr zutraut, daß er heute Menschen rufen und vereinigen könne. Weil sie eigentlich nicht mehr glaubt, daß der Glaube noch etwas vermag, deswegen muß sie sozusagen Gott und die Menschen mit ihrer eigenen Klugheit überlisten und aus Eigenem etwas zusammenbauen. Wie sollte das halten können? Es kann vielleicht am Anfang einfacher erscheinen. Aber es bleibt unser Eigenes und bleibt in der Schwäche unseres Eigenen. Mir hat ein Bischof aus einem marxistisch regierten Land gesagt: Das eigentlich Charakteristische dieser Welt, die zu keiner Transzendenz mehr offen sein darf, sei ihre unglaubliche Ödnis, die Langeweile einer Welt, die nichts mehr als sich selbst erwarten darf, das Graue eines immer bleiernen, festlosen Alltags, in dem letztlich nichts anderes mehr kommen kann, weil ja immer nur der Mensch sich selbst reproduziert. In solcher Ödnis, in solchem Grauwerden des nur selbstgemachten Lebens wacht nun die Sehnsucht auf, daß sich das Ganz-Andere ereigne. Wladimir Maximow, der russische Emigrant, hat aus gleichem Empfinden heraus gesagt: Wir haben zu lange schon vom Menschen gesprochen, laßt uns endlich wieder von Gott reden.

Die Welt braucht nicht nur sich selbst. Die Menschen brauchen nicht in der Ödnis eine Zerstreuung, die am Ende wieder nur anödet, sie verlangen nach dem Mysterium, auch wenn sie es selbst nicht erkennen. Sie brauchen das Zeichen des Ganz-Anderen, das lebendige Wort Gottes, das unverfälscht treu und dynamisch in diese unsere Zeit hereintritt. Das ist der große Auftrag, den Ihr in dieser Stunde übernehmt, eingewurzelt in die apostolische Struktur der Kirche, zu verharren in ihrem Wort und es so zur Frucht zu bringen: Das Große, Verwandelnde und Andere in die Welt hereinzutragen, ohne das sie nur zu grauer Langeweile werden kann.

Neben dem Wort steht das **Sakrament.** Lukas benennt es gleich von seiner Mitte her: Sie verharrten im Brotbrechen. Kirche lebt letztlich von der Eucharistie, von dieser realen sich schenkenden Gegenwart des Herrn. Ohne dieses ständig neue Begegnen mit ihm müßte sie verdorren. Deswegen lebt auch unser Priestertum von der eucharistischen Gemeinschaft mit dem Herrn, davon, daß Eucharistie die ständige Mitte und Kraft unseres Lebens sei. Wer sich ihr immer neu aussetzt und anvertraut, wird verändert werden. Man kann nicht ständig mit dem Herrn gehen, nicht immer neu diese ungeheueren Worte sprechen *Dies ist mein Leib und mein Blut,* man kann nicht immer wieder den Leib des Herrn berühren, ohne von ihm getroffen und angefordert, verändert und geführt zu werden. Gewiß, man kann hinter ihm zurückbleiben und bleibt immer wieder unermeßlich zurück, aber auf Dauer gibt es eigentlich nur zwei Möglichkeiten: entweder die Eucharistie abzuschütteln mit der ungeheueren Forderung und Kraft, die sie aufrichtet im Leben, oder sich ihr zu stellen, an ihr festzuhalten. Wer den Herrn festhält, den läßt er nicht los. Wer immer wieder ruhig und geduldig, demütig und treu mit ihm ringt, den wird er führen, dem wird er sein Licht nicht versagen.

Sie verharrten im Brotbrechen. Ein Pfarrer unseres Bistums, der in diesem Jahr verstorben ist, hat mir einmal in einer erregenden Weise erzählt, wie ihm dies Wort zum persönlichen Erlebnis wurde. Er war als Soldat bei der Invasion in Kreta beteiligt und suchte Quartier in einem Hause. Er merkte dort, wie der Mann, der ihm entgegentrat, mit sich rang, weil er litt unter diesem Zertrampeln seiner Heimat und weil er wußte, wie er selbst gefährdet war, wenn er hier Gastfreundschaft gewährte. Aber schließlich sah er, wie sich der Mann in diesem Ringen überwand, ihn zu Tische bat, ein Stück Brot nahm, es auseinanderbrach und ihm das gebrochene Brot reichte. Und er merkte, wie dies mehr war als eine Gebärde und was das wirklich hieß: ich nehme dich als Gast, als Bruder an; dies ist mein Leben, und du stehst unter dem Schutz meines Lebens, so wie ich die eigene Gefährdung auf mich nehme. Er hatte gemerkt, wie der Mann in dem Zerreißen des Brotes gleichsam wirklich sein eigenes Leben auseinanderteilte, ihm das seine gab ohne der eigenen Gefährdung zu achten. Und noch nach fast 40 Jahren, als er dies erzählte, zitterte die Erregung dieser Erfahrung des im Brot zerteilten Lebens in ihm nach.

Christus hat wahrhaft sich ausgeteilt, in dem zerrissenen Brot sich gegeben, daß sein Leben das unsere sei: Das ist das unerhörte Ereignis, das immer von neuem geschieht. Darin liegt die Größe der Eucharistie, und deswegen ist sie kein Spiel, sondern Wirklichkeit. Wo der Tod auftritt, endet das Spiel. Der Mensch ist vor die Wahrheit gesetzt. Aber auch nur, wo hinunter bis zum Tod diese Begegnung geschieht, kann die wahre Hoffnung aufgehen für den Menschen. Christus teilt sich selbst mit uns. Nehmen wir dies immer wieder in unser Herz hinein, damit wir ihn austeilen können; zugleich wird sichtbar, daß wir im Brotbrechen nur verharren können, wenn wir selber Brotbrechende in des Wortes vollstem Sinne werden. Eucharistie ist daher auch der eigentliche Motor aller sozialen Verwandlung der Welt. Von Elisabeth von Thüringen über Klaus von der Flüe und Vinzenz von Paul bis herauf zu Mutter Teresa ist dies sichtbar: Überall, wo die Gebärde des brotbrechenden Herrn angenommen worden ist, muß das Brot gebrochen werden in den Alltag hinein. Dort gibt es nicht mehr den Fremden, der mich nichts angeht, sondern dort gibt es den Bruder, der mich ruft und der auf das gebrochene Brot wartet, um in seiner Liebe selbst eine Bleibe zu finden.

Lukas fügt in seinem Bericht von der werdenden Kirche noch hinzu: Sie verharrte in den **Gebeten**. Das will sagen: Sie nahm teil an den Tagzeiten, an den Psalmgebeten Israels, was wiederum bedeutet, daß in diesem Sinne das Breviergebet apostolischen Ursprungs ist. Die Eucharistie, das offene Tor zu Gott und von Gott her zu uns, kann sich nicht auf eine spärliche halbe Stunde am Morgen beschränken. Sie muß nachklingen, um leben zu können. Sie muß den Tag hindurch leuchten. Es darf keine Terminplanung geben, die so undurchdringlich und keine Hetze, die so unüberwindlich wäre, daß darin nicht Raum bliebe, um immer wieder das Atemholen des Gebetes einzufügen, das der Gesundheit des Leibes und der Seele und damit der rechten Veränderung dieser Welt dient.

Und so bitte ich Euch, laßt diesen Atem des Gebetes in Eurem priesterlichen Alltag, wie bedrängt Ihr auch sein mögt, nicht zum Stillstand kommen. Wir brauchen den Atem des Gebetes. Ihr werdet sehen, wie er Fruchtbarkeit gibt. Laßt das Gebet hinausstrahlen in die Gemeinden. Sie brauchen, damit Eucharistie lebe, diesen Raum des Betens, der uns ja durch das Gotteslob, das uns die gemeinsame Vesper ermöglicht, aufgetan ist. Rosenkranzgebet und Kreuzwegandacht, alles, was in der Fülle christlichen Glaubens als Weise des Betens gewachsen ist, wir brauchen es heute wieder. Wir brauchen es gerade in einer Welt, die in der Perfektion ihrer Unterhaltungen sich langweilt, die nicht nur mit sich selbst beschäftigt, sondern von dem berührt sein will, der allein unserem Leben Sinn geben kann.

Sie verharrten in der Lehre der Apostel und in der Gemeinschaft, im Brotbrechen und in den Gebeten. Liebe junge Freunde, nehmt dieses Wort der heutigen Liturgie, darum bitte ich Euch, als ein Motto in Euer priesterliches Leben hinein. Werdet wahrhaft Diener des Wortes, lebt in ihm und lebt danach, um es vergegenwärtigen zu können. Werdet Diener der Eucharistie und der in ihr verwahrten Liebe des Herrn und werdet so Diener der Freude, die auf Euch zurückfallen wird. Wir alle aber, die hier versammelt sind, die mit Euch dieses Sakrament tragen dürfen, wir beten in dieser Stunde von Herzen für Euch: Der Herr, der Euch zu dieser Stelle geführt hat, lasse Euch nicht los, er geleite Euch, durchdringe Euch mit seinem Wort und seiner Liebe und schenke Euch die Fülle des Evangeliums, die Fülle der Freude, die aus der Frohen Botschaft kommt.

Mein Glück ist, in deiner Nähe zu sein

*Vom christlichen Glauben an das ewige Leben**

Ich erwarte die Auferstehung der Toten und das Leben der kommenden Welt. So sagen wir mit dem großen Glaubensbekenntnis der Kirche Sonntag um Sonntag in der Liturgie. Aber erwarten wir diese Auferstehung wirklich? Und das ewige Leben? Die Statistiken sagen uns, daß viele Christen, auch Kirchgänger, den Glauben an das ewige Leben aufgegeben haben oder ihn wenigstens für eine recht unsichere Sache halten. Noch bedenklicher würden die Zahlen aussehen, wenn wir uns auf Fragen wie diese einließen: Spielt diese Erwartung irgendeine praktische Rolle in unserem Leben? Finden wir es trostreich und schön, ewig leben zu dürfen oder bleibt uns das sehr nebelhaft und unwirklich, ja, vielleicht nicht einmal gar so erstrebenswert? Hans Urs von Balthasar hat die Frage so dargestellt: „Es ist, als sei dem modernen Menschen eine Sehne durchschnitten worden, so daß er nach dem früheren Ziel nicht mehr laufen kann, als seien ihm die Flügel gestutzt, sei in ihm das geistige Organ für die Transzendenz verkümmert. Woher mag das kommen?“[1] Freilich, so ganz abwesend, wie es fürs erste scheint, ist der

* Vortrag vor der christlichen Akademie in Prag, 30. 3. 1992. Veröffentlicht unter dem Titel „DASS GOTT ALLES IN ALLEM SEI“. Vom christlichen Glauben an das ewige Leben, in: Klerusblatt 72 (1992) S. 203–207.

1 Der Mensch und das Ewige Leben, in: Int. kath. Zeitschr. „Communio“ 20 (1991) 3.

Blick auf das Leben jenseits des Todes auch heute nicht. Der Wunsch, geliebte Menschen wiederzusehen, ist auch heute lebendig; Die Ahnung, daß es ein Gericht geben könne und daß mein Leben dem einmal wird standhalten müssen, geht uns gerade dann unausweichlich durch den Sinn, wenn wir daran sind zu tun, was wir selber als Unrecht erkennen.

1. Gottesglaube und Erwartung des ewigen Lebens

Immerhin – es bleibt dabei, daß der Sinn für das ewige Leben im modernen Menschen, auch im Christen von heute, erstaunlich schwach geworden ist; Predigten über Himmel, Hölle und Fegfeuer wird man heute nur schwer zu hören bekommen. Fragen wir also noch einmal: Woher kommt das? Ich glaube, es hat wesentlich zu tun mit unserem Bild von Gott und seinem Verhältnis zur Welt, das auch in diejenigen vom allgemeinen Bewußtsein her eingesickert ist, die durchaus Christen und gläubige Menschen sein wollen. Wir können uns kaum noch vorstellen, daß Gott wirklich in der Welt und am Menschen etwas tut, daß er selber handelndes Subjekt in der Geschichte ist. Das scheint uns mythisch und unaufgeklärt. Die Wunder des Neuen Testaments nicht als solche anzusehen, sondern auf zeitbedingte Vorstellungen zurückzuführen, ist heute ganz normal geworden; auch die Geburt Jesu aus der Jungfrau und die wirkliche Auferstehung Jesu, die seinen Leib der Verwesung entriß, werden bestenfalls als unerhebliche Randfragen abgetan: Es scheint so störend, daß Gott in biologische oder physikalische Vorgänge eingegriffen haben soll. Die einmal gemachte Welt ist fest in sich und in ihre Kausalvorgänge verschlossen, auch wenn das Weltbild der modernen Physik längst nicht mehr die endgültigen Gewißheiten kennt, auf die man im vorigen Jahrhundert glaubte pochen zu können. Das Geschehen in der Welt ist nur durch weltliche Faktoren erklärbar, so denken wir. Außer uns selber handelt niemand in ihr, und darum erwarten wir auch von niemand etwas, außer von uns selber, die wir uns freilich dann wieder ganz abhängig von den Gesetzen der Natur und der Geschichte wissen. Gott ist – wir sagten es schon – kein handelndes Subjekt in der Geschichte mehr, bestenfalls eine Hypothese am Rand.

Die Lähmung der Ewigkeitshoffnung ist also einfach die Kehrseite der Lähmung des Glaubens an den lebendigen Gott. Der Glaube an das ewige Leben ist nur die Anwendung des Glaubens an Gott auf unsere eigene Existenz. Er kann daher auch nur wieder lebendig werden, wenn wir eine neue Beziehung zu Gott finden – wenn wir Gott wieder als Handelnden in der Welt und in uns selbst zu verstehen lernen. „Ich erwarte die Auferstehung der Toten und das Leben der kommenden Welt" – dieser Satz ist nicht eine neben den Gottesglauben hingestellte weitere Glaubensforderung; er ist einfach die Entfaltung dessen, was es heißt, an Gott, den Vater, den Sohn und den Heiligen Geist zu glauben. Nicht durch die Analyse unserer eigenen Existenz, nicht durch das Schauen auf uns selber, auf unsere Hoffnungen und Bedürfnisse, entdecken wir das ewige Leben. Dem Menschen, der auf sich fixiert ist, entzieht sich das ewige Leben immer mehr. In der Zuwendung zu Gott zeigt es sich von selbst, daß der, den Gott angeschaut hat und den er liebt, an seiner Ewigkeit teilhat. Origenes hat diese Einsicht einmal sehr schön ausgedrückt, wenn er sagt, „daß jedes Wesen, das an jener ewigen Natur teilhat, selbst immerwährend besteht ..., damit die Ewigkeit der göttlichen Güte zum Ausdruck komme ..." Er fügt hinzu: „Schiene es nicht gottlos, anzunehmen, daß ein Geist, der gottesfähig ist, der Substanz nach zugrunde gehen könnte?“[2]

Dieser innere Zusammenhang zwischen dem Gottesbild und den Vorstellungen vom Leben jenseits des Todes bestätigt sich, wenn wir auch nur einen kurzen Blick in die Religionsgeschichte hineinwerfen. Soweit wir in der menschlichen Geschichte blicken können, hat es kaum je die Vorstellung gegeben, daß mit dem Tod alles zu Ende sei. Irgendeine Idee von Gericht und Weiterleben ist praktisch überall anzutreffen. Aber wo die weltumspannende Macht des einzigen Gottes noch nicht gesehen wird, da bleibt auch das Bild vom anderen Leben undeutlich und vage. Es ist ein Sein im Nichtsein, eine schattenhafte Existenz, die in einer merkwürdigen Beziehung zur Welt der Lebenden gesehen wird. Auf der einen Seite brauchen die Geister im Schattenreich die Hilfe der noch Lebenden, um bestehen zu können; man muß sie nähren, für sie sorgen, um ihnen wenigstens eine zeitlich begrenzte Unsterblichkeit zu ermöglichen. Auf der anderen Seite sind sie aber als Geister zu Mächten geworden, die nun zur alles durchdringenden Geisterwelt gehören. Sie können Drohung oder auch Hilfe sein. Man fürchtet die Wiederkehr der Geister und sucht sich durch allerlei Riten vor ihnen zu schützen. Auf der anderen Seite sind es aber doch wieder gerade die Geister der Ahnen, die ihre Sippe behüten und die man verehrt, um sich ihrer Hilfe zu versichern. Der Ahnenkult ist ein Urphänomen im Zusammenleben der Stämme; er drückt ein Wissen um einen Gemeinschaft der Menschen aus, die auch durch den Tod nicht unterbrochen wird.

2 Peri Archon IV, 4, 9 Koetschau V (GCS 22) 362; PG 11, 413; siehe auch die zweisprachige Ausgabe von H. Görgemanns / H. Karpp, (Darmstadt 1976) 816/7. In der Übersetzung folge ich H. U. v. Balthasar, Geist und Feuer (Einsiedeln / Freiburg 1991[3]), Text 54 S. 67.

Die Reinkarnationslehre die sich vor allem im asiatischen Raum entfaltet hat, muß man wohl als Versuch ansehen, das Rätsel der Ungerechtigkeit in dieser Welt auf eine nicht-theistische Weise zu erklären: In einer leidvollen Existenz wird früheres Unrecht gebüßt, und so zeigt sich hinter dem scheinbaren Unrecht einer Welt, in der es Übeltätern gut geht und in der Schuldlose leiden, die unerbittliche Gerechtigkeit, die alles sühnt und alles ins Lot bringt. Wo aber das ganze Dasein dieser Welt als Leid erfahren wird, reichen solche Wanderungen der Seele nicht mehr aus: Das Ziel aller Reinigungen und Verwandlungen ist dann das Heraustreten aus den Fesseln der Vereinzelung, aus dem ganzen wirren Kreislauf des Seins, das Hinabsinken und Zurückkehren in die Uridentität, die Nichts und Alles zugleich ist, Es ist gewiß kein Zufall, daß heute mit dem Verblassen des Glaubens an den lebendigen Gott alle diese archaischen Bilder zurückkehren, die freilich ihre Unschuld und ihre moralische Größe verloren haben. Reinkarnation, die heute wieder von vielen geglaubt wird, ist nicht mehr Vollzug einer geheimnisvollen Macht der Gerechtigkeit, sondern eher eine Art von Anwendung des Erhaltungsgesetzes: Die Energie Seele kann sich nicht einfach auflösen, aber sie braucht andere Verkörperungen. Immerhin drückt sich im neuen Erscheinen solcher und anderer Vorstellungsmodelle das stille Wissen des Menschen darum aus, daß der Tod nicht das letzte Wort seines Daseins ist; dieses Wissen sucht sich andere und oft recht seltsame Wege, wo die Macht des liebenden Gottes, die uns nicht fallen läßt, aus dem Blick gerät. So zeichnet sich allmählich ab, was geschehen muß, damit wir wieder mit Überzeugung sagen können: Ich erwarte das ewige Leben. Wir müssen einfach des lebendigen Gottes und seiner Liebe neu inne werden. Dann wissen wir, daß diese Liebe, die ewig ist und die Macht ist, uns nicht fallen läßt. Aber bevor wir diesen Gedanken näher entfalten und dabei auch sehen, wie er die einzelnen Splitter der menschlichen Erwartungen aufnimmt, müssen wir uns noch einmal den Schwierigkeiten des modernen Menschen zuwenden, der wir selber sind.

Es gibt nämlich außer dem zentralen Grund, dem Absterben des Gottesbildes, auch noch weitere Gründe für unsere Schwierigkeiten mit der Auferstehungshoffnung. Zunächst einmal hindert uns an einer lebendigen Erwartung des ewigen Lebens, daß wir uns nichts mehr darunter vorzustellen vermögen. In früheren Zeiten mag es noch verhältnismäßig einfach gewesen sein, sich den Himmel als einen Ort voller Schönheit, Freude und Frieden auszudenken. Aber das moderne Weltbild hat diese Vorstellungsstützen erbarmungslos weggenommen. Wo aber gar keine Vorstellung ist, verflüchtigt sich auch die Erwartung, weil menschliches Denken irgendeine Form von Anschaulichkeit braucht. Schließlich kommt dazu, daß uns ein ewiges Dahingehen unserer Existenz eigentlich nicht wünschbar vorkommt. Sie ist schon mühsam genug; aber auch wenn alles gut wäre, erscheint uns der Gedanke der Endlosigkeit als Verdammung zur Langeweile, einfach als zu viel für den Menschen. Demgegenüber müssen wir aber nun die Gegenfrage stellen: Erwarten wir uns also gar nichts mehr? Wenn es so wäre, dann hätte das Prinzip Hoffnung, das Ernst Bloch als Wesen des Marxismus hinstellte, nicht so viele Anhänger finden können; dann hätten sich nicht so viele Menschen dem Glauben an die politischen Utopien verschrieben. Ein Mensch, der gar nichts erwartet, kann auch nicht mehr leben. Die menschliche Existenz ist ihrem Wesen nach ausgespannt ins Größere hinein.

Aber was erwarten wir eigentlich? Die Urerwartung, die im Menschen steckt und die ihm gar nicht genommen werden kann, kann sich auf vielerlei Weise ausdrücken. Eine ihrer wesentlichen Gestalten ist, daß wir auf Gerechtigkeit warten, Wir können uns einfach nicht damit abfinden, daß immer die Starken recht haben und die Schwachen unterdrücken; wir können uns nicht damit abfinden, daß Unschuldige in oft so entsetzlicher Weise leiden müssen und daß Schuldigen alles Glück der Welt in den Schoß zu fallen scheint. Das Verlangen nach Gerechtigkeit, das sich im Ringen der denkenden und leidenden Menschen aller Zeiten so gewaltig ausgedrückt hat, kann auch uns nicht genommen werden. Wir verlangen nach Gerechtigkeit; deshalb verlangen wir auch nach Wahrheit. Wir sehen, daß Lüge sich breitmacht, sich durchsetzt und daß es gar nicht möglich ist, gegen sie aufzukommen. Wir erwarten, daß es nicht so bleibe: daß der Wahrheit ihr Recht werde. Wir verlangen danach, daß das sinnlose Geschwätz, die Grausamkeit, das Elend aufhören; wir verlangen danach, daß das Dunkel der Mißverständnisse, die uns trennen, daß die Unfähigkeit des Liebens aufhöre und daß wirkliche Liebe möglich werde, die unsere ganze Existenz aus dem Kerker ihrer Einsamkeit befreit, sie öffnet in die anderen hinein, ins Unendliche hinein, ohne uns zu zerstören. Wir könnten auch sagen: Wir verlangen nach dem wahren Glück. Wir alle.

2. Was ist das: „ewiges Leben“?

Genau aber das ist gemeint, wenn wir „ewiges Leben“ sagen, das nicht eine lange Dauer ist, sondern eine Qualität der Existenz ausdrückt, in der die Dauer als endloses Nacheinander von Augenblicken verschwindet. Das heißt freilich auch, daß das Ewigkeitsverlangen da zum Trotz – gegen die Ewigkeit, zur trotzigen Endlichkeit wird, wo jemand so mit der Ungerechtigkeit, mit der Lüge, mit dem Haß identifiziert ist, daß für ihn das Eintreten von Gerechtigkeit, Wahrheit und Liebe Negation seiner Existenz würde, von der er sich zuinnerst bedroht fühlt. Wo es solche Existenz gibt, müssen wir sie als Verdammnis bezeichnen. Wo die Lüge und das Unrecht zur Identitätsmarke eines Lebens geworden ist, da ist freilich das ewige Leben die Verneinung dieser negativen Identität. Das Heil wird zur Strafe, weil der Mensch sich dem Unheil verbündet hat und mit seinem ganzen Leben der Negation verfallen ist.

Kehren wir nach diesem Blick auf die letzte Gefährdung des Menschen, der sich hier förmlich auf drängte, zum Positiven zurück: Ewiges Leben ist nicht eine endlose Abfolge von Augenblicken, in denen man versuchen müßte, Langeweile und Angst vor dem Unbeendlichen zu überwinden. Ewiges Leben ist jene neue Qualität von Existenz, in der alles in das Jetzt der Liebe zusammenfließt, in die neue Qualität des Seins, die von der Zerstückelung der Existenz im Davonlaufen der Augenblicke erlöst ist. In diesem unserem zeitlichen Leben ist einerseits jeder Augenblick zu kurz, weil mit ihm das Leben selber zu fliehen scheint, ehe wir es fangen konnten; zugleich ist jeder Augenblick für uns zu lang, weil uns die vielen, immer wieder einander gleichenden Augenblicke zu mühselig werden. Damit wird auch deutlich, daß das ewige Leben nicht einfach das ist, was danach kommt und wovon wir uns jetzt gar keine Vorstellung bilden könnten. Weil es eine Qualität der Existenz ist, kann es schon mitten im irdischen Leben und seiner zerfließenden Zeitlichkeit als das Neue, Andere und Größere gegenwärtig sein, wenn auch immer nur bruchstückhaft und unvollendet. Aber die Grenze zwischen ewigem und zeitlichem Leben ist keineswegs einfach chronologischer Natur: Die Jahre vor dem Tod wären das zeitliche Leben; die endlose Zeit danach wäre das Ewige, so meinen wir im allgemeinen. Weil aber Ewigkeit nicht einfach endlose Zeit, sondern eine andere Ebene des

Daseins ist, darum kann eine solche bloß chronologische Unterscheidung nicht stimmen. Das ewige Leben ist mitten in der Zeit da, wo uns das Aug' in Auge mit Gott gelingt; es kann durch das Hinschauen auf den lebendigen Gott so etwas wie der feste Grund unserer Seele werden. Wie eine große Liebe kann es uns durch keine Wechselfälle mehr abgenommen werden, sondern ist eine unzerstörbare Mitte, aus der der Mut und die Freude des Weitergehens kommen, auch wenn die äußeren Dinge schmerzlich und schwer sind. Wie wir uns das vorzustellen haben, können wir sehr anschaulich am Psalm 73 (72) sehen, in dem solche Erfahrung im Leiden und Ringen eines glaubenden Menschen fast blitzartig und mit geradezu bestürzender Kraft durchgebrochen ist. Der Psalm ist das Gebet eines Menschen, „der an seinem Leib Qual und Krankheit trägt"[3] – eines Gläubigen, der sich immer um das Leben aus dem Wort Gottes gemüht hat, dem aber nun sein ganzes Dasein zu Schmerz und reinem Widerspruch geworden ist. Die frühere Weisheit des Alten Bundes hatte gelehrt, daß Gott das Gute belohnt und das Böse bestraft. Aber die Welt, in der der Beter lebt, spricht solchen Vorstellungen Hohn: Es ist die Erfahrung Ijobs, die Erfahrung des Kohelet, die Erfahrung so vieler leidender Gerechter des Alten Bundes, die sich hier Ausdruck schafft. Das Leben scheint die Zyniker zu belohnen, die Hochmütigen, die sagen: Gott nimmt von dem Treiben auf Erden keine Kenntnis. Er reagiert nicht. Diese Menschen, die sich selbst zu Göttern machen, reden gleichsam vom Himmel herab, von weit oben her. Das Volk nimmt gierig ihre protzigen und weltüberlegenen Worte auf. Sie haben keine Leiden. Gesund und fett sind sie. Die Mühsal des Lebens kennen

3 H.-J. Kraus, Psalmen I (Neukirchen 1960) 506; vgl. zum folgenden die Auslegung des Psalms bei Kraus 503–511.

sie nicht. Der leidende Gerechte ist in Gefahr, irre zu werden. Gibt die Welt nicht den Zynikern recht? Ist es vielleicht wirklich sinnlos, sich an Gott zu halten und nach seinem Recht zu leben? Reagiert er vielleicht wirklich nicht auf uns? Die Lösung geht dem Beter im Heiligtum auf, das heißt in der betenden Zuwendung zum lebendigen Gott, in der er zugleich aus dem bloß Privaten des Fragens und Ringens heraustritt. Im Hineingehen ins Heiligtum ordnet er sich in die Gemeinschaft des Glaubens, in die Zeichen des Heiles, in die Weggemeinschaft der Gottesgeschichte ein und gewinnt von daher den Blick auf Gott selbst. Und da ändern sich die Perspektiven. Die Weltanschauung des Neides wird ebenso gegenstandslos wie das Auftrumpfen des Hochmuts. Das Scheinhafte solchen Glücks wird sichtbar, das sich auflöst wie ein Traum beim Erwachen, Die wahren Perspektiven der Wirklichkeit treten wieder hervor. „Ich aber bleibe immer bei dir, du hältst mich mit deiner Rechten, Du leitest mich nach deinem Ratschluß und nimmst mich am Ende auf in Herrlichkeit. Was hab ich im Himmel außer dir? Neben dir erfreut mich nichts auf der Erde. Auch wenn mein Leib und mein Herz verschmachteten, Gott ist er Fels meines Herzens und mein Anteil auf ewig … Gott nahe zu sein, ist mein Glück" (Ps 73,23–26.28). In der Berührung der Seele durch Gott lernt der Mensch, richtig zu sehen. Auch wenn er im Himmel und auf Erden alle möglichen Besitztümer hätte, was wäre es schon? Das Glück des bloßen Erfolgs, der bloßen Macht, der bloßen Habe ist immer ein Scheinglück; ein Blick in die Welt von heute hinein, in die Tragödien jener Erfolgreichen und Mächtigen, deren Seele an die Habe verkauft und leer geworden ist, zeigt uns, wie wahr dies ist. Denn die großen Verzweiflungen, gegen die vergeblich alle Raffinessen der Begierde und ihrer Stillungen aufgewendet werden, tragen sich nicht unter den Armen und Schwachen zu, sondern unter denen, die scheinbar die Mühsal des Lebens nicht kennen. Alles im Himmel und auf Erden bliebe leer, wenn Gott nicht wäre, der sich zu unserem Anteil auf ewig gemacht hat. „Das ist das ewige Leben, daß sie dich erkennen, den allein wahren Gott, und den du gesandt hast, Jesus Christus“, sagt der Herr im Johannesevangelium (17,3). Es ist genau die Erfahrung des Psalm 73. Der Beter sieht Gott und erfährt, daß er mehr nicht braucht, daß ihm in der Berührung mit Gott alles, das wirkliche Leben, geschenkt ist. „Ohne dich erfreut mich nichts im Himmel und auf Erden, auch wenn mein Leib verschmachtet – mein Glück ist, in deiner Nähe zu sein.“ Wo solche Begegnung geschieht, ist ewiges Leben. Die Trennlinie zwischen zeitlichem und ewigem Leben geht mitten durch unser zeitliches Leben hindurch. Johannes unterscheidet den *bios* als das verfließende Leben dieser Welt von *zoë* als der Berührung mit dem eigentlichen Leben, das da in uns aufbricht, wo wir wirklich Gott von innen her begegnen. In diesem Sinn sagt Jesus im Johannesevangelium: „Wer mein Wort hört und dem glaubt, der mich gesandt hat, der hat das ewige Leben … Er hat schon den Übergang aus dem Tod ins Leben vollzogen“ (5,24 f.). Auf der gleichen Linie liegt das Wort aus der Lazarusgeschichte: „Ich *bin* die Auferstehung und das Leben. Wer an mich glaubt, wird leben, auch wenn er stirbt, und jeder, der lebt und an mich glaubt, stirbt nicht in Ewigkeit“ (Joh 11,25). Dieselbe Erfahrung spricht sich auf vielfältige Weise in den paulinischen Briefen aus, so etwa wenn der gefangene Paulus in Fesseln an die Philipper schreibt: „Leben ist mir Christus und Sterben ist mir Gewinn.“ Er würde es vorziehen, aufgelöst zu werden und mit Christus zu sein, aber er erkennt, daß es notwendiger ist, für seine Gemeinden zu bleiben (1,21–24). „Leben wir, so leben wir dem Herrn; sterben wir, so sterben wir dem Herrn; ob wir leben oder sterben – wir sind des Herrn“ (Röm 14,8 f.).

3. „All das Meinige ist dein“

Der Gemeinschaftscharakter und die Gegenwärtigkeit des ewigen Lebens

Wir sehen also: Das ewige Leben ist jene Weise des Lebens mitten in der Gegenwart unserer irdischen Existenz, die durch den Tod nicht betroffen wird, weil sie über ihn hinausreicht. Mitten in der Zeit das Ewige leben, das ist also der erste Anruf des Glaubensartikels, von dem wir ausgegangen sind. Wenn wir so leben, dann wird die Hoffnung der ewigen Gottesgemeinschaft zur prägenden Erwartung unseres Daseins, weil uns dann auch eine Vorstellung von seiner Wirklichkeit erwächst und seine Schönheit uns von innen her verwandelt. So wird sichtbar, daß in diesem Aug' in Auge mit Gott nichts Egoistisches, kein Rückzug ins bloß Private liegt, sondern gerade jene Befreiung vom Ich, die überhaupt erst Ewigkeit sinnvoll macht. Eine endlose Abfolge von Augenblicken wäre unerträglich; die Sammlung unserer Existenz in den einen Blick der Liebe Gottes hinein wandelt nicht nur Endlosigkeit in Ewigkeit um, in Gottes Heute hinein; sie bedeutet zugleich die Gemeinschaft mit allen, die von derselben Liebe angenommen sind. Im Reich des Sohnes seiner Liebe gibt es nach einem Wort des heiligen Johannes Chrysostomus „das kalte Wort mein und dein nicht“.[4] Weil Gottes Liebe uns allen gemeinsam ist, gehören wir alle einander. Wo Gott alles in allem ist, sind wir alle in allen und alles in uns, sind wir in einem Leib, dem Leibe Christi, in dem die Freude eines Gliedes Freude aller anderen Glieder ist, wie das Leiden eines Gliedes das Leiden aller Glieder war. Das bedeutet zweierlei:

4 Balthasar, a.a.O. (s. Anm. 1) 11.

a) Gegenwart und Ewigkeit liegen nicht wie Gegenwart und Zukunft nebeneinander und auseinander, sondern sie liegen ineinander. Das ist der wahre Unterschied zwischen Utopie und Eschatologie. Man hat uns ja über lange Zeit hin die Utopie, das heißt die Erwartung der zukünftigen besseren Welt anstelle der Eschatologie, anstelle des ewigen Lebens angeboten. Das ewige Leben sei unwirklich, es entfremde uns nur der Zeit. Die Utopie aber sei ein reales Ziel, auf das wir mit allen unseren Kräften hinarbeiten können. Dieser Gedanke aber ist ein Trugschluß, der uns in die Zerstörung unserer Hoffnungen hineinführt. Denn diese künftige Welt, für die die Gegenwart verbraucht wird, berührt uns nie selber; sie ist immer nur für eine noch unbekannte künftige Generation da. Sie ist wie das Wasser und wie die Früchte, die dem Tantalus angeboten werden: Das Wasser steht ihm immer bis zum Hals, und die Früchte reichen ihm immer bis vor den Mund. Aber wenn er trinken will in seinem großen Durst, weicht das Wasser ins Unerreichbare zurück, und wenn er die Früchte kosten will in seinem Hunger, geschieht das gleiche. Dieses alte Bild für die Verdammnis des Hochmuts als der eigentlichen Sünde des Menschen trifft genau jene Hybris, die Eschatologie durch selbstgemachte Utopie ersetzt, das heißt die Hoffnung des Menschen aus seinen eigenen Kräften und ohne den Glauben an Gott erfüllen will. Die Utopie scheint immer ganz nahe, aber sie tritt nie ein, weil der Mensch immer frei bleibt und daher nie in einen endgültigen Zustand hinein fixiert werden kann. Der Kampf, der das Böse in Schranken hält, muß von jeder Generation neu bestanden werden und ist ihr nicht durch die Institution einer vorangegangenen Generation abzunehmen. Die Behauptung einer inneren Logik der Geschichte, die zwangsläufig am Ende die rechte Gesellschaft hervorbringt (also andere Menschen erschafft), ist ein primitiver Mythos, der den Gottesbegriff durch eine anonyme Macht zu ersetzen versucht, an die zu glauben keineswegs aufgeklärt, sondern schlichtweg unlogisch ist. Der Glaube an die Utopie konnte so weitgehend in der modernen Welt die Hoffnung auf das ewige Leben ersetzen, weil er die zwei Grundbedingungen der Moderne erfüllte: Es handelte sich um das, was wir selber machen, wozu es keines transzendenten Gottes bedarf (freilich einer immanenten göttlichen Geschichtslogik). Weil es um das Machbare geht, ist diese zukünftige Welt auch vorstellbar: immer so nah wie die Früchte des Tantalus und auch immer so fern wie sie. Wir sollten die Vorstellung, an der künftigen idealen Gesellschaft zu bauen, endlich als einen Mythos verabschieden und statt dessen mit allem Einsatz daran arbeiten, daß die Kräfte stark werden, die in der Gegenwart dem Bösen wehren und die daher auch eine erste Gewähr für die nächste Zukunft bieten können.

b) Das aber geschieht genau, wenn das ewige Leben inmitten der Zeit zu Kräften kommt. Denn das bedeutet, daß Gottes Wille geschieht „wie im Himmel so auf Erden". Erde wird zum Himmel, zum Reich Gottes, wenn in ihr Gottes Wille wie im Himmel geschieht. Darum beten wir, weil wir wissen, daß es nicht in unserer eigenen Macht steht, den Himmel herabzuziehen. Denn das Reich Gottes ist *Sein* Reich und nicht unser Reich, nicht unsere Herrschaft; nur darum ist es verlässig und endgültig. Aber es ist immer da ganz nahe, wo Gottes Wille angenommen wird. Denn da entsteht Wahrheit, entsteht Gerechtigkeit, entsteht Liebe. Das Reich Gottes ist viel näher als die Tantalusfrüchte der Utopie, weil es keine chronologische Zukunft, kein chronologisches Später ist, sondern das ganz andere zu aller Zeit beschreibt, das eben darum sich in die Zeit einsenken kann, um sie einmal ganz in sich aufzunehmen und zu reiner Gegenwart zu machen. Das ewige Leben, das in der Gottesgemeinschaft hier und heute beginnt, reißt dieses Hier und Heute auf und hält es hinein in die Weite des Eigentlichen, das nicht mehr durch den Zeitfluß zerteilt wird. Darin kann es auch die Undurchdringlichkeit des Ich und des Du nicht mehr geben, die mit der Zerstückelung der Zeit eng verbunden ist. In der Tat – wer seinen Willen in den Willen Gottes hineinlegt, hinterlegt ihn da, wo aller gute Wille seinen Ort hat; unser Wille verschmilzt so auch mit dem Willen aller anderen. Wo dies geschieht, wird das Wort wahr: Ich lebe, doch nicht mehr ich – Christus lebt in mir. Das Geheimnis Christi, der nach einem schönen Wort des Origenes Gottes Reich in Person ist, ist die bestimmende Mitte für das Verstehen des ewigen Lebens. Bevor wir diesen Gedanken weiter verfolgen, möchte ich noch einen abschließenden Hinweis auf den Realismus der christlichen Hoffnung auf das ganz andere, auf Gottes ewiges Reich anbringen. Wie stark der Glaube an das ewige Leben mitten in die Gegenwart hineinwirkt, kann man vielleicht bei keinem Autor so eindrucksvoll sehen wie bei Augustinus, der den Zusammenbruch des römischen Reiches und all seiner zivilisatorischen Ordnungen, also eine Geschichte voller Drangsal und Schrecknisse erleben mußte. Aber er wußte und sah es, daß eine neue Stadt im Wachsen war, die Bürgerschaft Gottes. Wenn er davon spricht, spürt man, wie ihm von innen her warm wird: „Wenn der Tod im Siege verschlungen sein wird, dann wird es diese Dinge nicht mehr geben; und es wird Frieden sein – voller und ewiger Friede. Wir werden in einer Art Stadt sein. Brüder, wenn ich von dieser Stadt spreche und auch wenn die Ärgernisse hier groß werden, dann kann ich mir selbst nicht mehr Einhalt gebieten ...“[5] Die künftige Stadt trägt ihn deswegen, weil sie

5 En. in ps. 84. 10 CCL XXXIX 1170; vgl. P. Brown, Augustinus v. Hippo, übers. v. J. Bernard (Leipzig 1972) 261–273.

in gewisser Hinsicht auch schon eine gegenwärtige Stadt ist – überall da, wo der Herr uns in seinem Leib zusammenführt und unseren Willen hineinlegt in Gottes Willen.

Das Mitleben mit Gott, das ewige Leben im zeitlichen Leben, ist deswegen möglich, weil es das Mitleben Gottes mit uns gibt: Christus ist das Mitsein Gottes mit uns. In ihm hat Gott Zeit für uns, er ist Gottes Zeit für uns und so zugleich die Öffnung der Zeit auf Ewigkeit. Gott ist nicht mehr der ferne, unbestimmte Gott, zu dem keine Brücke hinaufreicht, sondern er ist der nahe Gott: Der Leib des Sohnes ist die Brücke unserer Seelen. Durch ihn ist das Gottesverhältnis jedes einzelnen hineingeschmolzen in sein einziges Gottesverhältnis, so daß Hinschauen auf Gott nicht mehr Wegschauen vom anderen und von der Welt ist, sondern Verschmelzung unseres Blicks und unseres Seins mit dem einzigen Blick und dem einzigen Sein des Sohnes. Weil er hinabgestiegen ist in die Tiefen der Erde (Eph 4,9 f.), ist Gott nun nicht mehr bloß ein Gott oben, sondern Gott umgibt uns von oben, von unten und von innen: Er ist alles in allem, und daher gehört uns alles in allem: „All das Meinige ist dein." Das „Gott alles in allem" ist mit der Selbstenteignung Christi am Kreuz begonnen. Es wird voll sein, wenn der Sohn endgültig das Reich, das heißt die gesammelte Menschheit und die in ihr mitgetragene Schöpfung dem Vater übergibt (1 Kor 15,28).

Deshalb gibt es nun auch das bloß Private des isolierten Ich nicht mehr, sondern „all das Meinige ist dein." Dieses herrliche Wort des Vaters an den verlorenen Sohn (Lk 15,31), mit dem dann Jesus im hohenpriesterlichen Gebet sein eigenes Verhältnis zum Vater beschrieben hat (Joh 17, 10), gilt im Leibe Christi auch für uns alle untereinander. Jedes angenommene, noch so verborgene Leid, jedes stille Ertragen des Bösen, jede innere Überwindung, jeder Aufbruch der Liebe, jeder Verzicht und jede stille Zuwendung zu Gott – das alles wird nun wirksam im ganzen: Nichts Gutes ist umsonst. Der Macht des Bösen, die wie mit Polypenarmen das ganze Gefüge unserer Gesellschaft zu umgreifen und in einer tödlichen Umarmung zu ersticken droht, tritt nun dieser stille Kreislauf des wahren Lebens entgegen als die befreiende Macht, in der das Reich Gottes ohne alles Aufheben, wie der Herr sagt, schon mitten unter uns ist (Lk 17,21). In diesem Kreislauf wird Gottes Reich, weil Gottes Wille geschieht auf Erden wie im Himmel.

4. Einzelfragen christlicher Eschatologie

Mit alledem ist nun in großen Zügen umrissen, was der Glaube mit den Worten Himmel und Hölle meint.[6] Auch die Bedeutung des „Reinigungsortes" kann man von da aus leicht verstehen. Der Ort der Reinigung ist im letzten Christus selbst. Wenn wir unverhüllt auf ihn treffen, dann wird es von selber so sein, daß alle Erbärmlichkeit und Schuld unseres Lebens, die wir uns meist sorgfältig verborgen haben, uns in diesem Augenblick der Wahrheit brennend vor der Seele steht. Die Gegenwart des Herrn wird auf alles das in uns, was Verflechtung in Unrecht, in den Haß und in die Lüge ist, wie eine brennende Flamme wirken. Sie wird zum reinigenden Schmerz werden, der alles das aus uns herausbrennt, was mit der Ewigkeit, mit dem lebendigen Kreislauf von Christi Liebe unvereinbar ist. Auch was Gericht bedeutet, verstehen wir von hier aus. Wiederum können wir sagen: Christus selbst ist das Gericht, er, der die Wahrheit und die Liebe in Person ist. Er ist in diese Welt hereingetre-

6 Für Begründungen und für Einzelheiten darf ich auf meine Eschatologie (Regensburg 1990[6]) verweisen.

ten als ihr inneres Maß für jedes einzelne Leben. Daß der Menschgewordene, Gekreuzigte und Auferstandene selbst das Gericht ist, schließt zwei zusammengehörige Aspekte ein. Zunächst bedeutet es, was wir eben schon bedachten: All das Niedrige, Verquere und Sündige unserer Existenz wird von diesem Maß aufgedeckt; im Schmerz der Reinigung müssen wir davon freigemacht werden. Aber es gibt auch eine zweite Seite. Romano Guardini, der in seiner Anlage zur Schwermut das Furchtbare und Leidvolle dieser Welt oft wie eine ihm ganz persönlich auferlegte Last schmerzvoll empfunden hat, hat öfter gesagt, er wisse, daß Gott ihn im Gericht nach seinem Leben fragen werde. Aber er warte auf das Gericht, um auch seinerseits Fragen an Gott zu stellen – die Frage nach dem Warum der Schöpfung und nach all dem Unbegreiflichen, das als Folge der Freiheit zum Bösen in ihr entstanden ist. Das Gericht bedeutet, daß Gott sich dieser Frage stellt. Hans Urs von Balthasar drückt das so aus: Die Verteidiger Gottes überzeugen nicht, Gott muß sich schon selber verteidigen. „Er hat das einmal getan, als der Auferstandene seine Wundmale gezeigt hat … Gott selber muß seine Theodizee erfinden. Er muß sie bereits erfunden haben, als er die Menschen mit Freiheit ausstattete (und deshalb mit der Versuchung), nein zu ihm, zu seinem „Gebot zu sagen."[7] Der Herr wird im Gericht, angesichts unserer Fragen, seine Wunden zeigen, und wir werden verstehen. Einstweilen aber erwartet er einfach, daß wir zu ihm stehen und der Sprache dieser Wunden trauen, auch wenn wir die Logik dieser Welt nicht durchrechnen können.

Es bleibt eine letzte Frage: Wie ist das nun eigentlich mit der Seele? Und: Sollen wir eine wirkliche, eine leibhaf-

---

7 A.a.O. (s. Anm. 1) 9.

tige Auferstehung der Toten und eine neue Welt erwarten? Das Wort Seele ist in den letzten 25 Jahren weithin auf die Liste der verbotenen Wörter gesetzt worden; man versucht, es zu umgehen, wo immer es möglich ist. Man hat uns einzureden versucht, daß es sich um eine heidnische (griechische) Erfindung handle, die im Christlichen keinen Platz haben könne, weil darin eine Zerteilung des Menschen vorgestellt werde, die mit der Einheit des Schöpfers und seiner Schöpfung nicht vereinbar sei. Beides ist gleich falsch. Das Wort Seele gibt es in allen Kulturen, mit einer verwandten Grundtendenz, aber mit sehr verschiedenen Ausformungen im einzelnen. So wie es in der christlichen Überlieferung gebraucht wird, ist es eine Frucht des Glaubens, die in dieser Form außerhalb der Botschaft von Jesus Christus nicht möglich ist und nirgends vorkommt. Es drückt die vom Schöpfer gewollte Besonderheit des menschlichen Wesens aus: Der Mensch ist jenes Geschöpf, in dem Geist und Materie sich begegnen und zu einem einzigen Ganzen vereinen. Wenn wir das Wort Seele beiseite schieben, fallen wir unweigerlich in den Materialismus hinunter, durch den der Leib nicht erhöht, sondern seiner Würde beraubt wird. Wenn viele sagen, daß eine leiblose Seele zwischen Tod und Auferstehung ein Unding sei, so haben sie offenbar der Heiligen Schrift nicht genau genug zugehört. Denn nach der Himmelfahrt Christi gibt es das Problem der Leiblosigkeit der Seele nicht mehr: Der Leib Christi ist der neue, nun nicht mehr verschlossene Himmel. Wenn wir selber Glieder am Leib Christi geworden sind, dann sind unsere Seelen in diesem Leib festgehalten, der *ihr* Leib geworden ist, und so warten sie der endgültigen Auferstehung entgegen, in der Gott alles in allem sein wird. Diese Auferstehung am Ende der Geschichte aber ist etwas wirklich Neues. Wir können es uns nicht vorstellen, weil wir weder die Möglichkeiten der Materie noch die des Schöpfers kennen. Aber seit

der Auferstehung Christi wissen wir, daß nicht nur die einzelnen gerettet werden, sondern daß Gott seine ganze Schöpfung retten will und daß er es kann. Die Schöpfung, die von Adam unterworfen wurde und immer neu, immer mehr von ihm getreten wird, wartet auf die Kinder Gottes. Wo sie sind, wird auch die Schöpfung neu.
Ich möchte schließen mit einem Wort aus einer Predigt Augustins, in dem mir die innere Richtung dessen, was Erwartung des ewigen Lebens mitten im jetzigen Leben meint, wundervoll sichtbar zu werden scheint: „Ein Mädchen sagt vielleicht zu ihrem Geliebten: ‚Trag doch nicht diesen Mantel', Und er tut es nicht. Sagt sie ihm im Winter: ‚Ich mag dich am liebsten in der kurzen Tunika', so wird er lieber frieren als sie kränken. Sicher hat sie doch keine Macht, ihn zu bestrafen? … Nein, er fürchtet nur eines: ‚Sonst werde ich dich nie wieder anschauen.'"[8] Das bedeutet Erwartung des ewigen Lebens: den Blick Gottes nicht mehr verlieren wollen, weil er unser Leben ist.

8 Sermo 161,10. Vgl. Brown a.a.O. (s. Anm. 5) 215.

Quellenverzeichnis

Gott mit uns und unter uns. „Er hat Fleisch angenommen durch den Heiligen Geist aus der Jungfrau Maria und ist Mensch geworden"

Unter dem Titel „Et incarnatus est de Spiritu Sancto ex Maria Virgine" veröffentlicht in: 30 Tage in Kirche und Welt 5 (1995) Nr. 4, S. 59–67; Klerusblatt 75 (1995), S. 107–110.

Gottes Ja und Liebe bewährt sich auch im Tod. Der Ursprung der Eucharistie im Ostergeheimnis

Eucharistie – Mitte der Kirche, München 1978, S. 9–20, 67 f.

Quelle des Lebens aus der in liebender Hingabe geöffneten Seite des Herrn. Eucharistie: Mitte der Kirche

Eucharistie – Mitte der Kirche, München 1978, S. 21–32.

Mahl der Versöhnten – Fest der Auferstehung. Von der rechten Feier der heiligen Eucharistie

Eucharistie – Mitte der Kirche, München 1978, S. 33–47, 68–70.

Die Nähe des Herrn im Sakrament. Die wirkliche Gegenwart Christi im eucharistischen Sakrament

Eucharistie – Mitte der Kirche, München 1978, S. 49–66, 70 f.

Die Gegenwärtigkeit der Nähe des Herrn in den Alltag hinein. Zur Frage der Verehrung und Sakralität der Eucharistie

Predigt des Erzbischofs von München und Freising Joseph Cardinal Ratzinger zur Missa Chrismatis am Mittwoch vor Gründonnerstag (2. April 1980) im Münchener Liebfrauendom.

Der Herr ist uns nahe in unserem Gewissen, in seinem Wort, in seiner persönlichen Gegenwart in der Eucharistie. Homilie über Dtn 4,7

Predigt des Erzbischofs von München und Freising, Joseph Cardinal Ratzinger, in seiner Titelkirche Santa Maria Consolatrice in Rom am 2. September 1979.

Stehen vor dem Herrn – Gehen mit dem Herrn – Knien vor dem Herrn. Zur Feier des Fronleichnamsfestes

Predigt zum Fronleichnamsfest am 25. Mai 1978 Auf dem Marienplatz; veröffentlicht in: Ordinariats-Korrespondenz 03 – 14/1978 vom 1. Juni 1978 Nr. 19, S. 1–4.

Ein Brot, ein Leib sind wir, die Vielen (1 Kor 10,17). Eucharistie und Kirche

Der erste Abschnitt ist entnommen der als Manuskript vervielfältigten Nachschrift der Vorlesung: Die Lehre von der Eucharistie (SS 1963), S. 74 ff.
Der zweite Abschnitt ist ein Auszug aus dem ersten Hirtenbrief als Erzbischof von München und Freising vom 19. Juni 1977, veröffentlicht in Ordinariats-Korrespondenz 03 – 8/77.

Friede vom Herrn her. Friede als einer der Namen des eucharistischen Sakraments

Auszug aus der Predigt vom 3. Dezember 1978 im Münchener Liebfrauendom aus Anlaß des 70. Geburtstages von Ernst Tewes.
Auszug aus der Silvesterpredigt 1981.

Kirche aller Orten und Zeiten. Feier in Gemeinschaft mit dem Papst

Predigt zum Papstsonntag am 10. Juli 1977 in der St. Michaels-Kirche in München, veröffentlicht in: Ordinariats-Korrespondenz 03 – 10/77.

Kirche besteht als Liturgie und in Liturgie. Homilie zu Apg 2,42

Predigt des Erzbischofs von München und Freising, Joseph Cardinal Ratzinger, bei der Priesterweihe im Freisinger Mariendom am 28. Juni 1980; veröffentlicht in: Ordinariats-Korrespondenz 03 – 10/80, vom 2. Juli 1980, Nr. 26.

Mein Glück ist, in deiner Nähe zu sein. Vom christlichen Glauben an das ewige Leben

Vortrag vor der christlichen Akademie in Prag, 30. März 1992. Veröffentlicht unter dem Titel „DASS GOTT ALLES IN ALLEM SEI“. Vom christlichen Glauben an das ewige Leben, in: Klerusblatt 72 (1992), S. 203–207.